WILLKOMMEN

Sie möchten eine kompakte Übersicht über das grundlegende
Wissen zur englischen Sprache? Das PONS Mini-Basiswissen
führt Sie schnell und sicher in die 5 wichtigsten Bereiche der
Sprache ein. Jeder Bereich im Buch hat ein eigenes Symbol:

- **Aussprache**
- **Grammatik**
- **Verben**
- **Typische Fehler**
- **Wortschatz**

Die Kapitel sind thematisch aufbereitet und übersichtlich
gestaltet, so dass Sie einzelne Themen jederzeit gezielt und
schnell nachschlagen können.

Innerhalb der einzelnen Kapitel finden Sie **Infokästen** mit

- Merksätzen
- Grammatik-Tipps
- Ausnahmen von der Regel
- interkulturellen Besonderheiten.

Außerdem helfen Ihnen im Bereich Wortschatz nützliche
Wendungen beim Formulieren von Sätzen und Fragen.

Viel Spaß und Erfolg beim Englischlernen!

INHALT

1 AUSSPRACHE UND SCHREIBUNG

Für das Erlernen der Aussprache wäre es am einfachsten, wenn die Buchstaben, die wir schreiben, nur einem Laut entsprechen würden. Im Englischen aber sind Schreibung und Aussprache mitunter völlig unterschiedlich.

Es gibt viele Wörter im Englischen, die aus anderen Sprachen übernommen worden sind. Darüber hinaus weist das Englische eine lange Schrifttradition auf. Die veränderte Aussprache hat sich von der alten Schreibweise häufig weit entfernt. So kommt es, dass heute sogar englische Muttersprachler manchmal nachfragen müssen, wie z. B. bestimmte Orts- oder Familiennamen ausgesprochen bzw. geschrieben werden.

👄 2 DAS INTERNATIONALE PHONETISCHE ALPHABET – *THE IPA*

Da die Alphabetlaute nicht die einzigen Laute der englischen Sprache sind, gibt es ein anderes Alphabet, in dem alle Laute abgebildet sind, das sogenannte **IPA** [ˌaɪpiːˈeɪ] (**International Phonetic Alphabet**). Mit diesem phonetischen Alphabet kann man alle Lautzeichen darstellen und so die korrekte Aussprache von Wörtern abbilden. Das **IPA** finden Sie auch in Wörterbüchern.

Die folgenden Lautzeichen und Aussprachetipps beziehen sich auf das britische Englisch und nicht auf das Amerikanische.

1 Langvokale – *Long vowels*

Laut-zeichen	Beispielwörter		Aussprachetipps
[iː]	**sheep** **piece** **even**	[ʃiːp], [piːs], [ˈiːvən]	Wie das lange **i** in **nie**
[ɜː]	**bird** **serve** **journal**	[bɜːd], [sɜːv], [ˈʤɜːnᵊl]	Etwa so wie das **ö** in **Hörner**, nur etwas länger (das **r** darf man nicht mitsprechen)
[ɑː]	**car** **glass** **art**	[kɑːʳ], [glɑːs], [ɑːt]	Wie das lange **a** in **Bahn**

[ɔː]	**horse** **door** **naughty**	[hɔːs], [dɔːʳ], [ˈnɔːti]	Wie **o** in Organisation oder im Ausruf **och**!, nur etwas länger
[uː]	**shoe** **cool** **duty**	[ʃuː], [kuːl], [ˈdjuːti]	Wie das lange **u** in **Schuh**

Achtung! Wie man an den Beispielwörtern erkennt, können selbst ganz unterschiedliche Buchstabenkombinationen **gleich ausgesprochen** werden!

2 Kurzvokale – *Short vowels*

Laut-zeichen	Beispielwörter	Aussprachetipps
[ɪ]	**ship** [ʃɪp], **women** [ˈwɪmɪn], **symbol** [ˈsɪmbəl]	Kurzes **i** wie in **bitte**
[e]	**pet** [pet], **bread** [bred], **men** [men]	Wird gesprochen wie eine Mischung aus **ä** und **e** wie in **wetten**; die Lippen sind leicht gespreizt!
[æ]	**hat** [hæt], **sad** [sæd], **man** [mæn]	Wie **ä** in **hätte**; im Gegensatz zu [e] werden die Lippen beim [æ] neutral gehalten

Das internationale phonetische Alphabet – *the IPA*

[ʌ]	**cup** [kʌp], **come** [kʌm], **country** [ˈkʌntri]	Wie das **a** in **Matsch**, **Quatsch**
[ɒ]	**sock** [sɒk], **watch** [wɒtʃ], **comic** [ˈkɒmɪk]	Wie das kurze **o** in **Otto**
[ʊ]	**foot** [fʊt], **book** [bʊk], **pull** [pʊl]	Wie das kurze **u** in **Mutter**

Achtung! Selbst ganz ähnlich geschriebene Wörter können ganz **unterschiedlich ausgesprochen** werden. Vergleichen Sie zum Beispiel **come** und **comic**.

3 Stimmlose Konsonanten – *Unvoiced consonants*

Stimmlose Konsonanten erkennen Sie, indem Sie Ihre Hand an Ihre Kehle legen und den Laut oder das Wort laut aussprechen. Bei den folgenden Lauten werden Sie, wenn Sie sie korrekt aussprechen an der Kehle keine Vibration fühlen. Stattdessen sollten Sie an den Lippen entweder eine kleine Explosion oder ein Zischen spüren und hören.

Laut-zeichen	Beispielwörter	Aussprachetipps
[p]	**pen** [pen],	Wie **p** in **Papier**
[t]	**tea** [tiː], **tree** [triː]	Wie **t** in **Tee**, **Telefon**

[k]	**cat** [kæt], **king** [kɪŋ], **queen** [kwiːn]	Wie **k** in **König**, **Katze**
[f]	**fish** [fɪʃ], **enough** [ɪˈnʌf]	Wie **f** in **Fisch**
[s]	**six** [sɪks], **sink** [sɪŋk]	Ein kurzes, scharfes, stimmloses **s** wie in **lassen**, **heiß**. Der Laut klingt wie das Zischen einer Schlange!
[θ]	**three** [θriː], **thick** [θɪk], **thief** [θiːf], **thin** [θɪn], **think** [θɪŋk], **theatre** [ˈθɪətəʳ]	Hier wird ein scharfes, stimmloses **s** gesprochen wie z. B. bei **lassen** – allerdings gelispelt! Stecken Sie die Zungenspitze zwischen die Zähne und atmen Sie scharf aus, so entsteht der scharfe Lispellaut.
[ʃ]	**sheep** [ʃiːp], **nation** [ˈneɪʃən]	Wie **sch** in **Schule**, **schauderhaft**
[tʃ]	**chair** [tʃeəʳ]	Wie **tsch** in **tschüss**

Manchmal sind einzelne Laute bedeutungsunterscheidend, wie z. B. im Minimalpaar **to s**ink und **to th**ink oder bei **sh**eep und **sh**ip. Hier kann die falsche Aussprache fatale Folgen haben!

4 Stimmhafte Konsonanten – *Voiced consonants*

Stimmhafte Konsonanten erkennen Sie, indem Sie Ihre Hand an Ihre Kehle legen und den Laut oder das Wort laut aussprechen. Bei den folgenden Lauten werden Sie an der Kehle eine Vibration fühlen. Probieren Sie es einmal mit [z] wie in **zombie** [ˈzɒmbi] aus!

 i

Achtung: Das **z** steht in der Lautschrift nicht für einen scharfen, sondern für einen weichen **s**-Laut.

Lautzeichen	Beispielwörter	Aussprachetipps
[b]	**book** [bʊk]	Wie **b** in **Buch**
[d]	**dog** [dɒg]	Wie **d** in **dürfen**
[g]	**go** [gəʊ]	Wie **g** in **gehen**
[v]	**van** [væn]	Achtung Aussprachefalle! Dieser Laut entspricht dem deutschen **w** in **wenn**, **Vandalen**.
[z]	**zoo** [zuː], **zombie** [zɒmbi], **zero** [ˈzɪərəʊ]	Ein weiches, stimmhaftes **s** wie in **lesen**, **Sand**. Der Laut klingt wie Bienensummen!

[ð]	**the** [ði:, ði, ðə], **that** [ðæt, ðət], **them** [ðem, ðəm], **than** [ðæn, ðən], **then** [ðen]	Hier wird ein weiches **s** gelispelt. Stecken Sie die Zungenspitze zwischen die Zähne und atmen Sie weich und vibrierend aus – so entsteht der weiche Lispellaut. Er klingt wie die **s**-Laute im Wort **Sense**, nur gelispelt.
[ʒ]	**television** [ˈtelɪvɪʒ°n]	Wie **g** in **Genie**, **Etage**
[ʤ]	**jam** [ʤæm], **jungle** [ʤʌŋgl], **Germany** [ˈʤɜ:məni]	Wie **j** in **Job** und **g** in **Gentleman**
[m]	**moon** [mu:n]	Wie **m** in **Mond**
[n]	**no** [nəʊ]	Wie **n** in **nein**
[s]	**sing** [sɪŋ]	Wie **ng** in **Ding**, **singen**
[j]	**yes** [jes], **year** [jɪəʳ]	Wie **j** in **ja**, **Jahr**
[h]	**hand** [hænd], **who** [hu:]	Wie **h** in **Hand** Achtung – es gibt auch das stumme **h** wie in **hour**! Hier beginnt das Wort vokalisch.
[l]	**luck** [lʌk]	Wie **l** in **Lager**

[r]	**run** [rʌn]	Klingt anders als das deutsche **r** – eher wie ein **r** mit einem **u** davor!
	window [ˈwɪndəʊ], **water** [ˈwɔːtəʳ]	Dieser Laut hat nichts mit dem deutschen **w** zu tun! Er wird eher wie ein kurzes **u** gesprochen und bekommt erst in der Verbindung zum Folgevokal den typischen Klang, der entsteht, wenn der **u**-Kussmund ruckartig nach hinten in die Breite gezogen wird und ein kurzes **u(w)eäh** entsteht.

Bei den stimmlosen und stimmhaften Konsonanten kann man für einige Laute Gegensatzpaare bilden: [p] – [b], [t] – [d], [k] – [g], [f] – [v], [θ] – [ð], [s] – [z], [ʃ] – [ʒ], [tʃ] – [dʒ] Schauen Sie sich einmal die folgenden Minimalpaare an und machen Sie den Test an Ihrer Kehle!

pun – **b**un   **t**ime – **d**ime   **f**an – **v**an

Bitte beachten Sie, dass Konsonanten in bestimmten Fällen gar **nicht ausgesprochen** werden:

b: lam**b** / clim**b** / de**b**t   **d**: san**d**wich / We**d**nesday / han**d**bag

h: **h**our / **h**onour   **k**: **k**now / **k**nuckle

l: wa**l**k / ta**l**k / ha**l**f   **n**: autum**n**

p: **p**sychology   **r**: theat**r**e / ladde**r**

s: i**s**land / ai**s**le   **t**: lis**t**en / of**t**en / cas**t**le / Chris**t**mas

u: bisc**u**it / g**u**est   **w**: ans**w**er / s**w**ord

i

b nach **m** und **k** vor **n** bleiben **stumm**, z. B. in **lamb** [læm], **know** [nəʊ].

5 Doppellaute – *Diphthongs*

Laut-zeichen	Beispielwörter	Aussprachetipps
[ɪə]	**ear** [ɪəʳ], **here** [hɪəʳ]	Klingt fast wie **ier** in **hier** – das **r** wird nur dann gesprochen, wenn das nächste Wort mit einem Vokal beginnt!
[ʊə]	**pure** [pjʊəʳ], **tour** [tʊəʳ]	Klingt wie **ur** in **Kur** – das **r** wird nur dann gesprochen, wenn das nächste Wort mit einem Vokal beginnt!

Das internationale phonetische Alphabet – *the IPA*

[eɪ]	**plane** [pleɪn], **sail** [seɪl], **eighth** [eɪtθ]	Klingt wie **äi** oder **ey** in **hey**!
[eə]	**hair** [heəʳ], **air** [eəʳ], **heir** [eəʳ]	Wie **är** in **Bär** – das **r** wird nur dann gesprochen, wenn das nächste Wort mit einem Vokal beginnt!
[əʊ]	**nose** [nəʊz], **no** [nəʊ], **toe** [təʊ]	Man spricht zuerst ein **Schwa** und dann direkt ein kurzes **u**.
[ɔɪ]	**boy** [bɔɪ], **joy** [ʤɔɪ]	Wie in **oijoijoi**!
[aɪ]	**eye** [aɪ], **FBI** [ˌefbiːˈaɪ]	Wie **ei** in **Ei** oder **leise**

Doppellaute müssen nicht unbedingt durch zwei Schriftzeichen dargestellt werden. Sie können genauso durch nur einen Buchstaben, wie in **I** [aɪ], oder gar durch drei Buchstaben, wie in **eye** [aɪ], in der Schreibung wiedergegeben werden.

6 IPA Symbole – *IPA symbols*

[ ]	Die Lautschrift wird immer in eckige Klammern gesetzt, damit man erkennt, dass es sich um die phonetische Umschrift handelt.
[ː]	Der Doppelpunkt gibt an, dass der vorangehende Vokal (Selbstlaut) lang ausgesprochen wird, wie in **me** [miː].
[ˈ]	Der hochgestellte Strich gibt an, wo das Wort die Hauptbetonung aufweist. **Alphabet** betont man im Englischen am Wortanfang: [ˈælfəbet].
[ˌ]	Der tiefgestellte Strich bedeutet, dass auf der folgenden Silbe die Nebenbetonung liegt wie in **VIP** [ˌviːaɪˈpiː] (Abkürzung für **very important person).**
[ᵊ]	Hochgestelltes Schwa wie in **symbol** [ˈsɪmbᵊl] bedeutet, dass der Laut gesprochen werden kann.
[ʳ]	Hochgestelltes r wie in [kɑːʳ] am Wortende bedeutet, dass der Laut nur gesprochen wird, sobald ein Wort folgt, das mit Vokal beginnt wie z. B. bei **car owner**.

3   BETONUNG – *STRESS*

Man unterscheidet Wortbetonung (**word stress**) und Satzbe-
tonung (**sentence stress**). Durch die Wortbetonung werden
eine oder mehrere Silben in einem Wort hervorgehoben, die
Satzbetonung entsteht durch Betonung einzelner Wörter in
einem Satz und durch Heben oder Senken der Stimme.

1 Wortbetonung – *Word stress*

Da beide Sprachen einen germanischen Ursprung haben, ist
bei vielen englischen und deutschen Wörtern die Wortbeto-
nung gleich und liegt auf der ersten Silbe:

ˈ**hope** – *ˈhoffen*   ˈ**house** – *ˈHaus*   ˈ**life** – *ˈLeben*

Aber auch Wörter anderen Ursprungs (z. B. aus dem Griechi-
schen, Lateinischen oder Französischen) mit bis zu drei Silben
werden im Englischen meist auf der ersten Silbe betont:

ˈ**officer** – *Beamte*   ˈ**admiral** – *Admiral*   ˈ**politics** – *Politik*

Wörter mit mehr als drei Silben werden auf der drittletzten
Silbe betont:

moˈ**nopoly** – *Monopoly*   geˈ**ometry** – *Geometrie*

aˈ**rithmetic** – *Arithmetik*   caˈ**tastrophe** – *Katastrophe*

Achtung: Manche Wörter werden als Verb anders betont, als als Substantiv: **the 'overflow** *(das Überlaufen)* / **to over'flow** *(überlaufen)*; **the 'conduct** *(die Führung)* / **to con'duct** *(führen)*

2 Satzbetonung – *Sentence stress*

Anhand der Satzbetonung erkennt man, um welche Art von Satz es sich handelt. **Aussage-** und **Fragesätze** werden genau wie im Deutschen unterschiedlich betont. Bei einem Aussagesatz geht man mit der Stimme am Satzende herunter, bei einem Fragesatz herauf.

This book costs £ 50.
(Das Buch kostet 50 Pfund.)

What's your name?
(Wie heißt du / heißen Sie?)

So ist es auch möglich, ohne die grammatische Struktur eines Fragesatzes einzuhalten – allein durch Heben der Stimme – eine Frage zu formulieren:

This book costs £ 50?

Wenn man allerdings Zweifel anmelden oder Ironie zum Ausdruck bringen will, kann man bei einer Frage auch mit der Stimme herunter gehen:

Do you like the film?
(Gefällt dir der Film?)

= **I can't believe that you really like the film!** *(Ich kann nicht glauben, dass dir der Film wirklich gefällt!)*

→ Der Frager zweifelt an der Meinung.

Do you like the film?
(Gefällt dir der Film?)

= offene Ja/Nein-Frage

→ Der Frager will die Meinung wirklich wissen.

§ 1   ARTIKEL

1 Der bestimmte Artikel *the*

Anstelle von **der, die, das** gibt es im Englischen nur einen bestimmten Artikel: **the**.

the man	*der Mann*
the woman	*die Frau*
the room	*das Zimmer*

Der Artikel **the** weist auf bestimmte Personen, Sachen oder Begriffe hin, die vom Sprecher als bekannt angesehen oder näher beschrieben werden.

Die Aussprache von **the** ist abhängig davon, ob das folgende Wort mit einem Konsonanten- oder einem Vokallaut beginnt: **the doctor** (gesprochen [ðə]); **the end** (gesprochen [ði]).

Der bestimmte Artikel steht im Englischen darüber hinaus bei Ländernamen und geografischen Begriffen (Flüsse, Meere), Kino-, Theater- oder Hotelnamen sowie bei Eigennamen im Plural und bei Fügungen mit **of**.
**the United States, the Mississippi,
the Hilton Hotel, the Millers, the Rocky Mountains**

Bei Namen von Bergen, Seen, Straßen, Parks oder Gebäuden und Plätzen steht in der Regel **kein** bestimmter Artikel.
I live in Oxford Street. – *Ich wohne in der Oxford Street.*

She went windsurfing on Lake Michigan. – *Sie war Surfen auf dem Michigansee.*

Where's O'Hare Airport? – *Wo ist der O'Hare Flughafen?*

Hierzu gibt es jedoch Ausnahmen. Der Artikel wird vor allem dann oft verwendet, wenn z. B. der erste Teil eines Gebäudes kein Eigenname ist.
the White House – *das Weiße Haus*

Bei verallgemeinernden Aussagen und bei abstrakten Begriffen steht das Substantiv ebenfalls meist **ohne** Artikel.
Life is too short. – *Das Leben ist zu kurz.*

Space is the final frontier. – *Der Weltraum ist die letzte Grenze.*

2 Der unbestimmte Artikel *a* oder *an*

Der unbestimmte Artikel im Englischen lautet **a** und wird nur vor zählbaren Substantiven im Singular (Einzahl) benutzt. Vor Wörtern, die mit einem Vokallaut beginnen, wird **a** zu **an**.

a man	*ein Mann*
an artist	*ein(e) Künstler(in)*
a woman	*eine Frau*
an architect	*ein(e) Architekt(in)*
a room	*ein Zimmer*
an egg	*ein Ei*

Der unbestimmte Artikel wird verwendet, um über einzelne unbestimmte Personen, Sachen oder Begriffe zu reden.

Auch vor **h** kann **an** stehen, wenn das **h** nicht gesprochen wird.

an hour	*eine Stunde*
an honor	*eine Ehre*
aber: **a house**	*ein Haus* (weil das **h** hier ausgesprochen wird)

Vor **u** und **eu** steht **a**, wenn diese wie in **you** gesprochen werden.

a university	*eine Universität*
a European	*ein(e) Europäer(in)*

Der Gebrauch der Artikel ist mit wenigen Ausnahmen ähnlich wie im Deutschen. Folgende Unterschiede sollten Sie sich aber merken:

• Bei Berufen, Religionsangaben oder Parteien steht im Englischen der unbestimmte Artikel.
  He's a doctor. – *Er ist Arzt.*
  He's a Catholic. – *Er ist Katholik.*

• Bei Musikinstrumenten steht der bestimmte Artikel.
  She plays the piano. – *Sie spielt Klavier.*

- Bei Verkehrsmitteln hingegen wird kein Artikel benutzt.
  She goes to work by bus. – *Sie fährt mit dem Bus zur Arbeit.*

- Manche Wörter werden in der Regel ohne **a** bzw. **an**
  verwendet werden.
  I need some **information.** – *Ich brauche eine Information.*
  I've got some **good advice for you.** – *Ich habe einen guten Rat
  für dich.*

- Andere Wörter hingegen kommen nur im Plural vor, stehen
  also nie mit **a / an**.
  She has got new trousers. – *Sie hat eine neue Hose.*
  He wears glasses. – *Er trägt eine Brille.*

. . . .

2 SUBSTANTIV

1 Geschlecht des Substantivs

Im Englischen sind grundsätzlich nur Personen bzw. Personen-
bezeichnungen männlich oder weiblich, und zwar entspre-
chend ihrem natürlichen Geschlecht:
This is my aunt **Jenny.** She **is very rich.**
– Dies ist meine Tante Jenny. Sie ist sehr reich.

This is my uncle **Bob.** He **is very old.** – *Dies ist mein Onkel Bob.
Er ist sehr alt.*

Viele Substantive wie z. B. Berufsbezeichnungen stehen
sowohl für männliche als auch für weibliche Personen
(**boss** – *Chef / Chefin*, **student** – *Student / Studentin*). Dies gilt
auch für Wörter wie: **customer** – *Kunde / Kundin*, **guest** – *Gast*,

friend – *Freund / Freundin*. Hier wird oft nur aus dem Zusammenhang klar, ob die Person männlich oder weiblich ist.
A customer has complained. She is here.
– Eine Kundin hat sich beschwert. Sie ist hier.

Dinge, Tiere und Pflanzen sind im Englischen sächlich:
Here is my desk. It is new.
– Hier ist mein Schreibtisch. Er ist neu.

This is a tropical fish. It comes from China.
– Dies ist ein tropischer Fisch. Er kommt aus China.

Achtung! Auf Tiere, die einem persönlich nahestehen, kann man sich auch mit der männlichen oder weiblichen Form beziehen:
This is my cat, Amanda. She is two years old.
– Dies ist meine Katze Amanda. Sie ist zwei Jahre alt.

2 Pluralbildung

Um den Plural (Mehrzahl) eines Substantivs zu bilden, wird in der Regel ein **-s** an die Singularform (Einzahl) angehängt.
one taxi → three taxis   **a hotel → two hotels**

• Bei Wörtern, die auf einen Zischlaut enden (**-s, -ss, -sh, -ch, -x** oder **-z**), wird im Plural ein **-es** als Endung angehängt. Die Aussprache dieser Pluralendung lautet [iz].
bus *(Bus)* **→ buses**   **wish** *(Wunsch)* **→ wishes**
inch *(Inch)* **→ inches**   **tax** *(Steuer)* **→ taxes**

Bei Wörtern wie **quiz**, die auf **-z** enden, wird zusätzlich der Konsonant verdoppelt.

quiz *(Quiz)* → **quizzes**

- Bei Wörtern, die auf einen **Konsonant + -y** enden, wird das **-y** im Plural zu **-ies**.

story *(Geschichte)* → **stories**   **city** *(Stadt)* → **cities**

Endet das Wort jedoch auf einen **Vokal + -y**, wird nur ein **-s** angehängt.

day *(Tag)* → **days**   **play** *(Spiel)* → **plays**

- Bei Wörtern, die auf **-f** oder **-fe** enden, wird aus **f** im Plural in der Regel **v**. Die Pluralendung lautet dann -**ves** und wird [vz] ausgesprochen.

knife *(Messer)* → **knives**   **wife** *(Ehefrau)* → **wives**
leaf *(Blatt)* → **leaves**

Manche Ausnahmen bilden ihre Pluralform jedoch regelmäßig.

belief *(Glaube)* → **beliefs**

- Einige Substantive, die auf **-o** enden, bekommen im Plural ein **-es** angehängt.

tomato *(Tomate)* → **tomatoes**   **hero** *(Held)* → **heroes**

- Einige häufig gebrauchte Wörter haben unregelmäßige Pluralformen. Diese müssen extra gelernt werden.

woman *(Frau)* → **women**   **man** *(Mann)* → **men**
tooth *(Zahn)* → **teeth**   **foot** *(Fuss)* → **feet**
child *(Kind)* → **children**

- Eine weitere Besonderheit sind Wörter, die im Singular und Plural die gleiche Form haben. Dazu gehören:
fish *(Fisch / Fische)*
sheep *(Schaf / Schafe)*
aircraft *(Flugzeug / Flugzeuge)*

- Besonders zu beachten sind Substantive, die nur im Plural auftreten, z. B. **trousers** *(Hose)* oder **glasses** *(Brille)*. Hier muss auch die Verbform im Plural stehen.

  These trousers are nice. – *Diese Hose ist hübsch.*

  Einige Substantive im Englischen sind nicht zählbar und können daher normalerweise nicht im Plural stehen.
  news *(Nachricht)*   **progress** *(Fortschritt)*
  information *(Information)* **work** *(Arbeit)*

Vorsicht! Bei unzählbaren Wörtern wie **news** steht die Verbform im Singular. **The news is on at 7.00**. – *Die Nachrichten kommen um 19 Uhr.*

§ 3 GENITIV

Der **'s-Genitiv** wird verwendet, um Besitzverhältnisse anzuzeigen. Im Englischen wird hierzu bei Personen, Tieren oder Ländern im Singular ein **'s** an das Substantiv angehängt.
Susan's dog   *Susans Hund*
my husband's car   *das Auto meines Mannes*

Canada's import   *Kanadas Import*
the boss's office   *das Büro des Chefs*

Endet ein Wort im Plural bereits auf **-s**, bekommt es nur einen Apostroph.

the customers' needs   *die Bedürfnisse der Kunden*

Bei Substantiven, deren Pluralform nicht auf **-s** endet, wird **'s** angehängt.

the children's toys   *das Spielzeug der Kinder*

Handelt es sich um Gegenstände, wird in der Regel die Konstruktion **of + Substantiv** verwendet, um Besitzverhältnisse bzw. Zugehörigkeit anzuzeigen. Im Deutschen wird dies oft mit zusammengesetzten Hauptwörtern (Komposita) ausgedrückt.

a list of customers   *eine Kundenliste*
          („eine Liste der Kunden")
the walls of the kitchen   *die Küchenwände*
          („die Wände der Küche")

Zusammengesetzte Wörter sind zwar auch im Englischen möglich (**kitchen walls**), aber viel seltener. Daher sollten Sie, wenn Sie unsicher sind, immer die Konstruktion mit **of + Substantiv** verwenden.

Der **'s-Genitiv** steht außerdem bei Ortsangaben, die über Berufsgruppen oder Personen definiert werden.

at the doctor's   *beim Arzt*
I went to my sister's.   *Ich ging zu meiner Schwester.*

Der **'s-Genitiv** kann auch mit Zeitangaben kombiniert werden.
Last week's news were great. – *Die Nachrichten der letzten Woche waren großartig.*

Today's work is quite easy. – *Die Arbeit von heute ist ziemlich leicht.*

Darüber hinaus kann **'s** nach Namen von Institutionen, Firmen oder abstrakten Begriffen stehen.

the world's problems	*die Probleme der Welt*
the film's success	*der Erfolg des Films*
AT&T's profits	*die Gewinne von AT&T*

Sind mehrere Substantive etwa durch **and** verbunden, steht **'s** nach dem letzten Substantiv.

Jack and Mary's house	*das Haus von Jack und Mary*

······ i

Verwechseln Sie die Genitivform **'s** nie mit der Pluralform **-s**!
He has 20 ~~book's~~ books. – *Er hat 20 Bücher.*

own folgt immer auf ein Substantiv mit **'s** oder auf ein besitzanzeigendes Fürwort (**my, your, his, her, its, our, their**):
Jenny's own car – *Jennys eigenes Auto*

She has her own car. – *Sie hat ihr / ein eigenes Auto.*

Achtung: Anders als beim deutschen *eigen* darf vor **own** kein Artikel stehen:
Let's take ~~the own~~ our own car.
– *Nehmen wir das eigene / unser eigenes Auto mit.*

Bob has ~~an own~~ his own bike.
– *Bob hat ein / sein eigenes Fahrrad.*

··

§ 4 PRONOMEN

1 Personalpronomen

Personalpronomen treten an die Stelle von Personen oder Sachen, die schon bekannt sind. Man unterscheidet zwischen Subjektpronomen und Objektpronomen.

Subjektpronomen

I – *ich*	**you** – *du / Sie*	**he** – *er*
she – *sie*	**it** – *es*	**we** – *wir*
you – *ihr*	**they** – *sie*	

Peter works in Spain. → He works in Spain.
– *Peter arbeitet in Spanien. → Er arbeitet in Spanien.*

The talk is very boring. → It is very boring.
– *Die Rede ist sehr langweilig. → Sie ist sehr langweilig.*

Dan and Jessica live in Mexico. → They live in Mexico.
– *Dan und Jessica leben in Mexiko. → Sie leben in Mexiko.*

I wird immer großgeschrieben.
Für *du, Sie* und *ihr* gibt es im Englischen nur ein Wort: **you**.

Objektpronomen

me – mir / mich	**it** – ihm / ihr / es / ihn / sie
you – dir / Ihnen / dich / Sie	**us** – uns / uns
him – ihm / ihn	**you** – euch / Ihnen / euch / Sie
her – ihr / sie	**them** – ihnen / sie

John likes Susan. → **John likes her.**
– *John mag Susan.* → *Er mag sie.*

I'll meet my friends later. → **I'll meet them later.**
– *Ich treffe meine Freunde später.* → *Ich treffe sie später.*

Tom gave Fred a book. → **Tom gave him a book.**
– *Tom hat Fred ein Buch gegeben.* → *Tom hat ihm ein Buch gegeben.*

Gegenstände und Tiere im Singular sind im Englischen immer **neutral,** d. h. sie werden in der Regel durch **it** ersetzt.
The dog / It was hungry. – *Der Hund / Er war hungrig.*

Ist das Geschlecht des Tieres allerdings bekannt, kann auch im Englischen das entsprechende Pronomen verwendet werden.
Isn't the dog / she cute? – *Ist der Hund / sie nicht süß?*

Nach **it's / it was** steht ein auf eine Person Bezug nehmendes **Objektpronomen** und kein Subjektpronomen.

Hi Peter! It's me, Steven. – *Hallo Peter! Ich bin es, Steven.*

I'm not really sure but I think it was her. – *Ich bin mir nicht ganz sicher, aber ich glaube, sie war es.*

2 Possessivbegleiter

Possessivbegleiter (besitzanzeigende Fürwörter) sind immer unveränderlich. Sie stehen jeweils vor der Person oder Sache, auf die sie sich beziehen und drücken ein Besitzverhältnis oder eine Zugehörigkeit aus.

my – *mein(e)*	**its** – *sein(e)*
your – *dein(e), euer / eure, Ihr(e)*	**our** – *unser(e)*
his – *sein(e)* **her** – *ihr(e)*	**their** – *ihr(e)*

My husband **is ill.** – *Mein Mann ist krank.*

Is he your teacher**?** – *Ist er dein Lehrer?*

Peter calls his girlfriend**.** – *Peter ruft seine Freundin an.*

She doesn't find her cat**.** – *Sie findet ihre Katze nicht.*

The dog hurts its paw**.** – *Der Hund verletzt sich seine Pfote.*

We meet our friends**.** – *Wir treffen unsere Freunde.*

They don't find their keys**.** – *Sie finden ihre Schlüssel nicht.*

3 Demonstrativpronomen

Die Demonstrativpronomen im Englischen haben sowohl eine Singularform, **this** und **that**, als auch eine Pluralform, **these** und **those**.

This is my friend Dan. – *Das ist mein Freund Dan.*

These are my friends Helen and Claire. – *Das sind meine Freundinnen Helen und Claire.*

How much is that computer, please? – *Was kostet bitte dieser Computer da?*

And how much are those books over there, please? – *Und was kosten bitte die Bücher dort drüben?*

Sie können vor Dingen und Personen stehen oder, wenn klar ist wovon man spricht, auch alleine.
That film is interesting. – *Dieser Film ist interessant.*

Look at this! – *Schau dir das an!*

Wenn der Sprecher Dinge räumlich oder geistig nah empfindet, verwendet man **this** oder **these**. Empfindet man Dinge räumlich oder geistig weiter entfernt, wird **that** oder **those** verwendet.
This (here) is my car. – *Dies (hier) ist mein Auto.*

These (here) are my kids. – *Dies (hier) sind meine Kinder.*

Those people (over there) are not very nice. – *Diese Leute (dort drüben) sind nicht sehr nett.*

Die Entscheidung, ob etwas nah oder entfernt ist, liegt allerdings oft im Ermessen des Sprechers selbst, wodurch der Gebrauch von **this** / **that** und **these** / **those** variieren kann.

Häufig werden die Demonstrativpronomen auch verwendet, um eine Alternative oder Wahlmöglichkeit auszudrücken: **this or that** (dieses oder jenes) – **these or those** (diese oder jene).
This (here) is my desk, and that's your desk (over there).
– *Dies (hier) ist mein Schreibtisch und dieser (dort) ist dein Schreibtisch.*

4 Reflexivpronomen

myself – *mir / mich*	**itself** – *sich*
yourself – *dich / dir*	**ourselves** – *uns*
himself – *sich*	**yourselves** – *euch*
herself – *sich*	**themselves** – *sich*

Reflexivpronomen werden verwendet, wenn sich das Verb im Satz auf die Person bezieht, die die Handlung auch ausführt, d. h. wenn Subjekt und Objekt in einem Satz identisch sind.
Did you enjoy yourself? – *Hast du dich amüsiert?*

They introduced themselves. – *Sie haben sich vorgestellt.*

Sie werden aber auch benutzt, wenn man besonders betonen möchte, von wem etwas getan wurde oder wird. Im Deutschen verwendet man in diesen Fällen das Wort *selbst*.
Paul repairs the printer himself. – *Paul repariert den Drucker selbst.*

I'll write the letter myself. – *Ich werde den Brief selbst schreiben.*

5 Relativpronomen

Im Englischen gibt es drei Relativpronomen: **who, which** und **that**. In der gesprochenen Sprache ist **that** am häufigsten.

Für **Personen** wird **who** oder **that** benutzt:
That is the woman who / that sold me the car. – *Das ist die Frau, die mir das Auto verkauft hat.*

Für **Dinge** wird **which** oder **that** verwendet:
Look, this is the new car which / that I bought last week.
– *Schau, das ist das neue Auto, das ich letzte Woche gekauft habe.*

Wenn das Relativpronomen Objekt des Relativsatzes ist, kann es weggelassen werden:
This is the book (that) we bought yesterday.
– *Dies hier ist das Buch, das wir gestern gekauft haben.*

- -

§ 5   MENGENANGABEN

Im Englischen werden **much** (*viel*), **little** (*wenig*) und **a little** (*etwas, ein bisschen*) zusammen mit nicht zählbaren Substantiven verwendet.

much time	*viel Zeit*
little money	*wenig Geld*
a little help	*etwas Hilfe*

Many (*viele*), **few** (*wenige*) und **a few** (*einige, ein paar*) werden zusammen mit zählbaren Substantiven im Plural verwendet.

many countries	*viele Länder*
few people	*wenige Menschen*
a few days	*ein paar Tage*

Lots of und **a lot of** (*viel / viele*) werden sowohl für zählbare als auch nicht zählbare Substantive verwendet.

lots of time	*viel Zeit*
a lot of people	*viele Menschen*
a lot of money	*viel Geld*

Much (viel) und **little** (wenig) werden wie folgt gesteigert:

much time	**more time**	**(the) most time**
viel Zeit	mehr Zeit	die meiste Zeit
little time	**less time**	**(the) least time**
wenig Zeit	weniger Zeit	die wenigste Zeit

Many (viele) und **few** (wenige) steigert man folgendermaßen:

many people	**more people**	**(the) most people**
viele Leute	mehr Leute	die meisten Leute
few people	**fewer people**	**(the) fewest people**
wenige Leute	weniger Leute	die wenigsten Leute

Die Formen **a little** (ein wenig) und **a few** (einige / wenige) haben keine Steigerung.

§ 6   ADJEKTIV

Adjektive wie **old** oder **young** werden verwendet, um anzugeben, wie **jemand** oder **etwas** ist. Im Gegensatz zum Deutschen bleiben Adjektive im Englischen immer unverändert.

a fast car	ein schnelles Auto
an old man	ein alter Mann
two black desks	zwei schwarze Schreibtische

1 Stellung im Satz

Adjektive können im Satz direkt vor dem Substantiv stehen, das sie beschreiben (= attributiver Gebrauch):

We have a friendly boss. – *Wir haben einen freundlichen Chef.*

Adjektive können auch nach dem Verb im Satz stehen. Meist werden sie zusammen mit dem Verb **be** gebraucht (= prädikativer Gebrauch).
The boss isn't very friendly. – *Der Chef ist nicht sehr freundlich.*

2 Steigerung von Adjektiven

Bei der regelmäßigen Steigerung erhalten **einsilbige** Adjektive im Komparativ (erste Steigerungsform) die Endung **-er** und im Superlativ (zweite Steigerungsform) die Endung **-est**.

tall, taller, tallest   **kind, kinder, kindest**
– groß, größer, am größten   *– nett, netter, am nettesten*

Endet ein Adjektiv bereits auf **-e**, wird nur **-r** bzw. **-st** angehängt:
nice, nicer, nicest – *nett, netter, am nettesten*

Auch **zweisilbige** Adjektive, die auf **-y** enden, werden mit **-er** und **-est** gesteigert. Hierbei wird zu das **-y** zu **-i**:

easy, easier, easiest   **funny, funnier, funniest**
– leicht, leichter, am leichtesten   *– lustig, lustiger, am lustigsten*

Endet ein Adjektiv auf Konsonant-Vokal-Konsonant, wird der **letzte Konsonant verdoppelt**.

big, bigger, biggest   **hot, hotter, hottest**
– groß, größer, am größten   *– heiß, heißer, am heißesten*

Adjektive, die **zwei oder mehr Silben** haben und die nicht auf **-y**, **-er**, **-le**, oder **-ow** enden, werden im Komparativ mit **more** und im Superlativ mit **most** gesteigert.

beautiful, more beautiful, most beautiful
– *schön, schöner, am schönsten*

interesting, more interesting, most interesting
– *interessant, interessanter, am interessantesten*

Folgende häufig gebrauchte Adjektive haben eine unregelmäßige Steigerung, die Sie sich merken sollten.

good, better, best	*gut, besser, am besten*
bad, worse, worst	*schlecht, schlechter, am schlechtesten*
much / many, more, most	*viel(e), mehr, am meisten*
far, further, furthest	*weit, weiter, am weitesten*

§ 7 VERGLEICHE

Um Personen oder Dinge miteinander zu vergleichen, verwendet man im Englischen den **Komparativ + than**.
Gold is more expensive than coal. – *Gold ist teurer als Kohle.*

He's older than my father. – *Er ist älter als mein Vater.*

Eine weitere Möglichkeit ist die Konstruktion mit **not as + Adjektiv + as**.
This restaurant isn't as nice as Alfredo's. – *Dieses Restaurant ist nicht so nett wie das von Alfredo.*

Um auszudrücken, dass zwei Dinge gleich sind, benutzt man **as + Adjektiv + as**.

The weather is as bad as last year. – *Das Wetter ist so schlecht wie letztes Jahr.*

Möchte man zum Ausdruck bringen, dass etwas besser, schneller, höher, etc. als alles andere ist, benutzt man den Superlativ. Vor dem Superlativ steht meistens **the**.

This is the nicest holiday I've ever had. – *Dies sind die schönsten Ferien, die ich je hatte.*
It's the most interesting book I've ever read.
– *Es ist das interessanteste Buch, das ich je gelesen habe.*

Mit der Verbindung zweier Komparative durch **and** wird eine allmähliche Änderung ausgedrückt.
He's getting fatter and fatter. – *Er wird immer dicker.*

§ 8   ADVERB

Als Adverbien bezeichnet man Wörter, die ein Verb näher bestimmen.

Adverbien der Art und Weise geben an, wie etwas getan wird.
He walks slowly. – *Er läuft langsam.*

Adverbien der Zeit geben an, wann etwas getan wird.
She is coming back tomorrow. – *Sie kommt morgen zurück.*

Adverbien des Orts geben an, wo etwas getan wird.
Do you work here? – *Arbeitest du hier?*

Adverbien der Häufigkeit geben an, wie oft etwas getan wird.
They often call me. – *Sie rufen mich oft an.*

1 Steigerung von Adverbien

Genau wie Adjektive, können auch Adverbien gesteigert werden.

Einsilbige Adverbien erhalten die Endung **-er** bzw. **-est**.
soon, sooner**, soon**est
– bald / früh, eher / früher, am ehesten / frühestens

Bei Adverbien mit **zwei oder mehr Silben** wird in der Regel
more bzw. **most** vorangestellt.
carefully, more carefully, most carefully
– sorgfältig, sorgfältiger, am sorgfältigsten

Einige **zweisilbige** Adverbien können sowohl mit **-er/-est** als
auch mit **more / most** gesteigert werden, z. B.
slowly, slower (nicht ~~slowlier!~~) / **more slowly, slow**est (nicht
~~slowliest!~~) / **most slowly** *– langsam, langsamer, am langsamsten*

2 Ableitung von Adjektiven

Viele Adverbien der Art und Weise werden gebildet, indem die
Endung **-ly** an das entsprechende Adjektiv angehängt wird.
This is the final version.   (Adjektiv)
– Das ist die letzte Version.

We finally arrived.   (Adverb)
– Wir sind endlich angekommen.

Endet ein Adjektiv auf **-y**, wird **-y** beim Adverb zu **-i.**
lucky → luckily (*glücklicherweise*)

Endet ein Adjektiv auf **Konsonant + le**, fällt das **-e** beim Adverb weg.
simple → simply *(einfach)*

Leider gibt es einige Ausnahmen zu dieser Regel. So sind zum Beispiel nicht alle Wörter, die auf **-ly** enden, auch automatisch Adverbien.

He's a friendly person.   (Adjektiv)
– *Er ist ein freundlicher Mensch.*

Bei einigen Wörtern haben Adjektiv und Adverb die gleiche Form.

They build fast cars nowadays.   (Adjektiv)
– *Heutzutage werden schnelle Autos gebaut.*

You're driving too fast.   (Adverb)
– *Du fährst zu schnell.*

Manchmal haben Adjektive und scheinbar entsprechende Formen mit **-ly** völlig unterschiedliche Bedeutungen:

near – **nearly**   **hard** – **hardly**
nah – fast   *hart – kaum*

. . . .

§ 9   VERBEN: GEBRAUCH DER ZEITEN

1 Present simple

Das **present simple** (einfaches Präsens) wird meist für allgemeine Aussagen oder Feststellungen in der Gegenwart verwendet.

He works in a café. – *Er arbeitet in einem Café.*

My husband is quite tall. – *Mein Mann ist ziemlich groß.*

Es wird aber auch benutzt, um Gewohnheiten oder sich regelmäßig wiederholende Handlungen zu beschreiben, wobei oftmals Signalwörter wie **usually** (*für gewöhnlich*), **always** (*immer*) oder **every day** (*jeden Tag*) vorkommen. **She always drinks coffee on Sundays.** – *Sie trinkt sonntags immer Kaffee.*

2 Present continuous

Das **present continuous** (Verlaufsform) wird verwendet,

- wenn man über Handlungen oder Ereignisse redet, die im Augenblick des Sprechens ablaufen oder gültig sind. **They're talking to the boss.** – *Sie sprechen (gerade) mit dem Chef.* **She's having lunch.** – *Sie ist (gerade) beim Mittagessen.*

- wenn man Aussagen macht, die ‚zur Zeit‘ stattfinden, jedoch nicht unbedingt im Moment des Sprechens. Dabei wird die vorübergehende Natur der Handlungen hervorgehoben. Das **present continuous** bezieht sich dann auf einen als begrenzt empfundenen Zeitraum. **I'm reading a book by Jane Austen.** – *Ich lese (zur Zeit) ein Buch von Jane Austen.*

- wenn man über feste Pläne oder Termine in der Zukunft redet, d. h. über Ereignisse, die für die Zukunft geplant oder beschlossen sind.

I'm going to London next week. – *Ich fahre nächste Woche nach London.*

• wenn man von aktuellen Prozessen, Entwicklungen oder Trends spricht.
  Our shares are falling. – *Unsere Aktien fallen.*

3 Past simple

Das **past simple** (einfache Vergangenheit) wird benutzt, um über **abgeschlossene Vorgänge oder Ereignisse** in der Vergangenheit zu reden. Es wird oft von Zeitangaben begleitet, die sich auf die Vergangenheit beziehen, z. B. **yesterday** *(gestern)*, **last week** *(letzte Woche)*, **a year ago** *(vor einem Jahr)*, **in 1965** *(1965)*.

I saw him yesterday. – *Ich habe ihn gestern gesehen.*

He met his wife in 1987. – *Er traf seine Frau 1987.*

We didn't work in the office last week. – *Wir haben letzte Woche nicht im Büro gearbeitet.*

4 Present perfect

Das **present perfect** wird häufig verwendet, wenn man von etwas spricht, das in der Vergangenheit begonnen hat und das bis in die Gegenwart reicht. Es beschreibt dabei **nicht abgeschlossene Zustände**, die noch andauern oder gültig sind. Oft wird es in Verbindung mit **since**, **for** *(seit)* oder **how long** *(wie lange)* verwendet. Im Deutschen steht hier die Gegenwartsform mit *schon*.

I've worked here since 1994. – *Ich arbeite hier schon...*

She's lived in New York for 8 years now. – *Sie wohnt je... seit acht Jahren in New York.*

Das **present perfect** wird auch bei abgeschlossenen Vorgängen ohne Zeitbestimmung verwendet, bei denen der Zeitpunkt des Geschehens unbekannt oder nicht wichtig ist.

Das Ergebnis ist dabei oft wichtiger für den Sprecher als der Zeitpunkt des Vorgangs.
Have you finished the project? – Yes, I have.
– *Haben Sie das Projekt beendet? – Ja (, das habe ich).*

We have had a lot of fun together. – *Wir haben viel Spaß zusammen gehabt.*

Das **present perfect** tritt auch oft mit **not ... yet** (*noch nicht*) oder **never** (*noch nie*) auf.
She hasn't called yet. – *Sie hat noch nicht angerufen.*

I've never played golf. – *Ich habe noch nie Golf gespielt.*

In Fragen sind **ever** (*jemals*) oder **yet** (*schon*) oft Hinweise auf das **present perfect**.
Have you ever been to New York? – *Sind Sie jemals in New York gewesen?*

Has he called yet? – *Hat er schon angerufen?*

Present perfect continuous

Das **present perfect continuous** bezieht sich auf Vorgänge, die vor dem Sprechzeitpunkt bzw. vor dem gegenwärtigen Zeitraum begonnen haben und noch nicht abgeschlossen sind. Es wird meist mit einer Zeitangabe und **since** oder **for** verwendet. Im Deutschen steht hier oft die Gegenwart mit *schon*.

We have been waiting for better weather since May.
– Wir warten schon seit Mai auf besseres Wetter.

He has been dreaming of a new car for years.
– Er träumt schon seit Jahren von einem neuen Auto.

6 Past perfect

Das **past perfect** (= **had + past participle,** Plusquamperfekt) bezieht sich auf Vorgänge, die **vor** einer anderen Handlung in der Vergangenheit **bereits abgeschlossen** waren.
I was late because I had missed the train.
– Ich kam zu spät, da ich den Zug verpasst hatte.

Before I finished reading the book I had already learnt a lot.
– Bevor ich das Buch zu Ende gelesen habe, hatte ich schon viel gelernt.

7 Will future

Das **will future** (einfache Zukunft) wird verwendet, um ein Versprechen, eine Zusage oder eine spontane Entscheidung auszudrücken, die sich auf die Zukunft bezieht.

I'll meet you in the pub tonight. – *Ich treffe dich heute* der Kneipe.

We'll go out tonight. – *Wir gehen heute Abend aus.*

Das **will future** wird auch für Vorhersagen verwendet und zukünftige Vorgänge zu beschreiben, auf die der Sprecher keinen Einfluss hat. Oft wird **will** zusammen mit **I expect** *(ich erwarte)*, **I think** *(ich denke)*, **I suppose** *(ich nehme an)* oder **probably** *(wahrscheinlich)* verwendet.
Tomorrow it will be cloudy. – *Morgen wird es bewölkt sein.*

I think she won't come today. – *Ich denke, sie wird heute nicht kommen.*

Taxes will probably increase by 2%. – *Die Steuern werden wahrscheinlich um 2% steigen.*

8 Zukunft mit *going to*

Die Zukunftsform mit **going to** wird verwendet, um eine fest-stehende, geplante Handlung in der Zukunft auszudrücken. Das bedeutet, der Sprecher hat sich entschlossen, eine Handlung durchzuführen.
I'm going to meet him this afternoon. – *Ich werde ihn heute Nachmittag treffen.*

Diese Zeitform wird aber auch verwendet, um Voraussagen oder Schlussfolgerungen auszudrücken, die aufgrund bereits bekannter Tatsachen oder Umständen naheliegen. Sie drückt aus, dass sich der Sprecher sehr sicher ist, was passieren wird.

ook at the clouds! It's going to rain. – *Sieh dir die Wolken an! Es wird regnen.*

9 Conditional

Das **conditional** (= **would + Infinitive**, Konditional) erscheint bei irrealen Bedingungssätzen (**if**-Sätzen) im Hauptsatz und bezieht sich auf Folgerungen aus theoretisch erfüllbaren oder nicht erfüllbaren Bedingungen in der Gegenwart oder Zukunft.

If I had more money I would buy a Ferrari. – *Wenn ich mehr Geld hätte, würde ich einen Ferrari kaufen.*

Im Nebensatz des irrealen Bedingungssatzes (**if**-Teil) wird in der Regel kein **would** verwendet. Das Prädikat steht vielmehr in der **Past-simple**-Form:

If you played tennis in the snow you would get cold! – *Wenn du Tennis im Schnee spielen würdest, würde dir kalt werden!*

§ 10   PRÄPOSITIONEN

Wie auch im Deutschen, können englische Präpositionen unterschiedliche Bedeutungen haben, je nachdem, in welchem **Kontext** sie benutzt werden. Man kann ihnen zwar eine gewisse Grundbedeutung zuordnen, es gibt jedoch keine festen Regeln für die Verwendung von Präpositionen. Sie müssen daher in Verbindung mit den entsprechenden **Begleitwörtern** gelernt werden.

• about

about forty	*ungefähr vierzig*
information about sth	*Informationen über etw*
Does he know about **this?**	*Weiß er davon?*

• by

a play by **Shakespeare**	ein Stück von Shakespeare
go by **train**	mit dem Zug fahren
pay by **credit card**	mit Kreditkarte zahle

• for

for **me**	*für mich*
go for **lunch**	*zum Mittagessen gehen*

• from

a present from	*ein Geschenk von*

• with

Come with **me.**	*Komm mit mir.*

• of

a cup of **tea**	*eine Tasse Tee*
kind of **you**	*nett von dir*

• on

our expert on **mobile phones**	*unser Experte für Handys*

Je nach Verwendung, lassen sich Präpositionen unterteilen in **Präpositionen der Zeit, des Orts, der Art und Weise** und **des Grundes**.

1 Präpositionen der Zeit

• after

after lunch	*nach dem Mittagessen*

• ago

two weeks **ago**	*vor zwei Wochen*

• at

at two o'clock	*um 2 Uhr*
at Christmas	*an Weihnachten*
at the moment	*im Moment*
at lunchtime	*zur Mittagszeit*

• for

for an hour	*eine Stunde lang*
for two years	*für zwei Jahre / zwei Jahre lang*

• from

from dusk till dawn	*von der Abenddämmerung bis zum Morgengrauen*

• in

in the evening	*abends*
in 1975	*1975*
in half an hour	*in einer halben Stunde*
in May	*im Mai*

• till / until

till 8 p.m.	*bis 20 Uhr*

• on

on Mondays	*montags*
on May 18th	*am 18. Mai*
on the weekend	*am Wochenende*

• to

a quarter **to** seven	*viertel vor sieben*

• past

half **past** nine	*halb zehn*

• since

since 1966	*seit 1966*

• during

during lunch	*während des Mittagessens*

····

Die folgenden Verwendungen sollten Sie sich merken:
on time bedeutet *pünktlich*, **in time** bedeutet dagegen *rechtzeitig, zur rechten Zeit.*

2 Präpositionen des Orts

• at

at the station	*am Bahnhof*
at home	*zu Hause*
at work	*bei der Arbeit*
at school	*in der Schule*
at the top	*oben (z. B. auf einer Seite)*

• from

I'm **from** Ireland.   *Ich komme aus Irland.*

• by

over there **by** the radio   *da drüben neben dem Radio*

• in

in the drawer   *in der Schublade*

in the army   *beim Militär*

in the picture   *auf dem Bild*

She's **in** France.   *Sie ist in Frankreich.*

• near

near the supermarket   *in der Nähe des Supermarkts*

• on

on the right   *auf der rechten Seite*

on the 2nd floor   *im 2. Stock*

on the wall   *an der Wand*

on the corner   *an der Ecke*

• to

welcome **to** ...   *willkommen in / im ...*

an invitation **to** a party   *eine Einladung zu einer Party*

I've been **to** Canada before.   *Ich war schon einmal in Kanada.*

• under

under the desk   *unter dem Schreibtisch*

• behind

behind the door   *hinter der Tür*

• **between**	
between the buildings	*zwischen den Gebäuden*

• **in front of**	
in front of the door	*vor der Tür*

• **across**	
across the street	*auf der anderen Straßenseite*

• **outside**	
outside the house	*(draußen) vor dem Haus*

• **next to**	
next to the bank	*neben der Bank*

• **opposite**	
opposite the park	*gegenüber dem Park*

3 Präpositionen der Richtung

• **back**	
let's go **back**	*lass uns zurückgehen*

• **down**	
go **down** the street	*die Straße hinuntergehen*

• **up**	
go **up** the escalator	*die Rolltreppe hochfahren*

• **through**	
through the door	*durch die Tür*

• to

go **to** Canada	*nach Kanada gehen*
to the airport	*zum Flughafen*
to the museum	*ins Museum*

• across

run **across** the road	*über die Straße rennen*

• towards

towards the exit	*in Richtung Ausgang*

• past

past the bus stop	*vorbei an der Bushaltestelle*

4 Präpositionen der Art und Weise und des Grundes

I usually go to work by bus. – *Normalerweise fahre ich mit dem Bus zur Arbeit.*

My flight was cancelled due to bad weather. – *Mein Flug wurde wegen schlechten Wetters gestrichen.*

Weitere Präpositionen dieser Kategorie sind **with** (*mit*), **without** (*ohne*), **because of** (*weil*), **for** (*für, wegen*).

....

§ 11 KONJUNKTIONEN

Konjunktionen sind Verbindungswörter, die zwei Satzhälften, Satzteile oder Wörter zueinander in Beziehung setzen bzw. miteinander verbinden:

It's all right even though it's a little small.
– Es ist in Ordnung, obwohl es ein bisschen klein ist.

It's his fault that I'm late. *– Er ist Schuld, dass ich zu spät bin.*

I tried out windsurfing when I was in Spain.
– Ich habe Windsurfen ausprobiert, als ich in Spanien war.

You should take a coat in case it rains.
– Du solltest einen Mantel mitnehmen, falls es regnet.

That would be fantastic but I don't have time.
– Das wäre fantastisch, aber ich habe keine Zeit.

Die Konjunktionen **and** *(und)*, **but** *(aber)* und **or** *(oder)* verbinden zwei Hauptsätze miteinander, während Konjunktionen wie **that** *(dass, damit)*, **because** *(weil)*, **after** *(nachdem)*, **while** *(während)*, etc. einen Hauptsatz mit einem Nebensatz verbinden. Werden zwei Satzhälften miteinander kombiniert, ändert sich – im Gegensatz zum Deutschen – im Englischen die Wortstellung im Nebensatz nicht.

Es bleibt immer bei **Subjekt + Verb + Objekt**.
She went to work early. She had an appointment.
– Sie ging früh zur Arbeit. Sie hatte einen Termin.

She went to work early because she had an appointment.
– Sie ging früher zur Arbeit, weil sie einen Termin hatte.

Nach einigen Verben wie **say** *(sagen)*, **think** *(denken)*, **hope** *(hoffen)*, **suggest** *(vorschlagen)*, **believe** *(glauben)*, **suppose** *(annehmen)*, etc. steht häufig ein ergänzender Nebensatz mit **that** *(dass)*.

He said that he wasn't feeling well. – *Er sagte, dass er sich nicht wohl fühle.*

Achtung! Oft kann **that** in diesen Fällen aber einfach weggelassen werden:
He said [that] he wasn't feeling well. – *Er sagte, dass er sich nicht wohl fühle.*

Mit **either ... or** werden im Satz zwei Alternativen besonders hervorgehoben.
You can either take the bus or call a taxi. – *Du kannst entweder den Bus nehmen oder ein Taxi rufen.*

Mit **neither ... nor** werden auf betonte Weise zwei negative Aussagen miteinander kombiniert.
She neither called nor sent an e-mail.
– *Sie hat weder angerufen noch eine E-Mail geschickt.*

 § 12 **VERNEINUNG**

Im Englischen kann man nur mit Hilfsverben (**be, do, have**) oder modalen Hilfsverben (z. B. **can, must**) eine Verneinung bilden. Dabei wird das Wort **not** hinter dem Hilfsverb oder dem Modalverb eingefügt. **Not** kann zu **n't** abgekürzt und direkt an das Hilfsverb angehängt werden.

She's reading a book. → **She isn't (is not) reading a book.**

– Sie liest ein Buch. *– Sie liest kein Buch.*

Kevin can play tennis. → **Kevin can't (cannot) play tennis.**

– Kevin kann Tennis spielen. *– Kevin kann nicht Tennis spielen.*

Enthält ein Satz nur ein normales Vollverb, muss für die Verneinung das Hilfsverb **do** in der entsprechenden Form verwendet werden. Im Präsens wird **does not / doesn't** bzw. **do not / don't** gebraucht. In der Vergangenheit verwendet man **did not / didn't**.

He wears glasses. → He doesn't wear glasses.
– Er trägt eine Brille. – Er trägt keine Brille.

We work in New York. → We don't work in New York.
– Wir arbeiten in New York. – Wir arbeiten nicht in New York.

She went to England. → She didn't go to England.
– Sie fuhr nach England. – Sie fuhr nicht nach England.

In verneinten Sätzen mit **do not** oder **did not** steht das Vollverb immer in der Grundform.

In Sätzen mit dem Vollverb **be** wird die Endung **n't** bzw. das Wort **not** direkt an die flektierte Form von **be** angehängt.

They are very nice. → They aren't very nice.
– Sie sind sehr nett. – Sie sind nicht sehr nett.

She was tired. → She wasn't tired.
– Sie war müde. – Sie war nicht müde.

I am wird verneint zu **I'm not,**
die Verneinung von **will** ist **won't,**
may kommt verneint nur als **may not** vor,
can wird verneint zu einem Wort: **cannot.**
Mustn't heißt auf Deutsch *darf nicht* (nicht ~~*muss nicht!*~~)

Werden Aussagesätze mit Negativwörtern wie **no**, **nobody**,
never verneint, erfolgt keine Umschreibung mit **do**.
I've never been to Canada. – *Ich war noch nie in Kanada.*

Nobody paid the bill. – *Keiner hat die Rechnung bezahlt.*

 § 13 BILDEN VON FRAGEN

1 Fragesätze

Fragen, auf die man mit **ja** oder **nein** antworten kann (Ent-
scheidungsfragen), werden im Englischen immer durch ein
Hilfsverb (**be, do, have**) oder modales Hilfsverb (z.B. **can, will**)
eingeleitet. Sie werden gebildet, indem man Subjekt und Verb
vertauscht.
It is raining. → **Is it** raining? – *Es regnet.* → *Regnet es?*

I can offer you a drink. → **Can I** offer you a drink?
– *Ich kann Ihnen etwas zu Trinken anbieten.* → *Kann ich Ihnen
etwas zu trinken anbieten?*

Enthält ein Satz ein Vollverb, muss eine Form von **do** verwendet werden, um eine Frage bilden zu können. Hierbei passt sich **do** dem Subjekt an und das Vollverb bleibt immer in der Grundform. Bei Fragen im **past simple** wird **did** verwendet.

Frank likes Italian food. → Does Frank like Italian food?
– Frank mag italienisches Essen. → Mag Frank italienisches Essen?

They lived in Glasgow. → Did they live in Glasgow?
– Sie lebten in Glasgow. → Lebten Sie in Glasgow?

He speaks Spanish. → Does he speak Spanish?
– Er spricht Spanisch. → Spricht er Spanisch?

Die einzige Ausnahme bilden Fragen, in denen **be** als Vollverb gebraucht wird. Hier wird die Form von **be** direkt nach vorne gestellt.

They are very nice. → Are they very nice?
Sie sind sehr nett. → Sind sie sehr nett?

2 Fragen mit Fragewörtern

Im Englischen gibt es folgende Fragewörter:

Where?	*Wo / Wohin?*	**Where are you from?** *– Woher kommst du?*
When?	*Wann?*	**When did he leave?** *– Wann ist er gegangen?*
What?	*Was?*	**What's your name?** *– Wie heißt du?*

Who?	*Wer / Wen?*	**Who called the police?** *– Wer rief die Polizei?*
How	*Wie?*	**How old are you?** *– Wie alt bist du?*
Which	*Welche/r/s?*	**Which book did you buy?** *– Welches Buch hast du* *gekauft?*
Whose?	*Wessen*	**Whose car is this?** *– Wessen Auto ist das?*
Why?	*Warum?*	**Why didn't you tell me?** *– Warum hast du mir nichts* *gesagt?*

Das Fragewort steht in direkten Fragen immer am Anfang der Frage. Auch bei Fragen mit Fragewörtern wird ein Hilfsverb zur Bildung benötigt, d. h. eine Form von **do**.

She sent him an e-mail. → What did she send?
– Sie hat ihm eine E-Mail geschickt. → Was hat sie ihm geschickt?

Nur bei Fragen nach dem Subjektteil („**Wer / was** hat etwas getan?") fällt die Umschreibung mit **do** weg. Dann steht das Vollverb direkt hinter dem Fragewort.
***Who* wrote "Hamlet"?** – *Shakespeare* **wrote "Hamlet".**
– Wer hat „Hamlet" geschrieben? – Shakespeare hat
„Hamlet" geschrieben.

Wird im Englischen nach dem Subjektteil gefragt, entspricht **who** dem deutschen *wer*, wird hingegen nach dem Objekt gefragt, entspricht es dem deutschen *wen* oder *wem*.

3 Indirekte Fragen

Um freundlicher zu klingen, werden im Englischen Fragen oft nicht direkt durch das Fragewort eingeleitet, sondern mit einer Floskel begonnen.

Can you tell me when the museum is open?
– Können Sie mir sagen, wann das Museum geöffnet hat?

Do you know where Mary is? *– Weißt du wo Mary ist?*

In indirekten Fragen steht das Fragewort ohne Komma direkt nach der Einleitungsfloskel. Anders als bei direkten Fragen werden Subjekt und Verb bei der Satzstellung nicht vertauscht, sondern das Verb folgt dem Subjekt.

Where is John? *– Wo ist John?*   (direkte Frage)
Can you tell me where John is?   (indirekte Frage)
– Kannst du mir sagen wo John ist?

 § 14   KURZANTWORTEN

Im Englischen ist es eher unüblich, eine Frage nur mit **yes** oder **no** zu beantworten. Stattdessen wird das Hilfsverb, mit dem die Frage gestellt wurde, noch einmal aufgegriffen. Bei Verneinung der Frage wird dieses entsprechend mit verneint.

present simple

Can you help me?	**No, I can't.**
– Können Sie mir helfen?	*Nein(, kann ich nicht).*
Are you fully booked?	**Yes, we are.**
– Sind Sie ausgebucht?	*Ja(, sind wir).*

Is she on the phone?
– Ist sie am Telefon?

No, she isn't.
Nein(, ist sie nicht).

Do they live in Italy?
– Leben sie in Italien?

Yes, they do.
Ja(, das tun sie).

Does he speak English?
– Spricht er Englisch?

No, he doesn't.
Nein(, tut er nicht).

present continuous

Are you watching television?
Siehst du (gerade) fern?

Yes, I am.
Ja(, das tue ich).

Are they playing tennis?
Spielen sie (gerade) Tennis?

No, they aren't.
Nein(, das tun sie nicht).

Is she taking a shower?
– Duscht sie (gerade)?

No, she isn't.
Nein(, tut sie nicht).

past simple

Did you buy me a present?
*– Hast du mir ein Geschenk
  gekauft?*

No, I didn't.
Nein(,habe ich nicht).

Did she read the book?
– Hat sie das Buch gelesen?

Yes, she did.
Ja(, hat sie).

present perfect

Have you ever been to Japan?
– Warst du schon einmal in Japan?

Yes, I have.
Ja(, war ich).

Has he called you yet?
– Hat er dich schon angerufen?

No, he hasn't.
Nein(, hat er nicht).

will future

Will she be at the meeting?   **No, she won't.**
– Wird sie bei dem Treffen dabei sein? Nein(, wird sie nicht).

Will they call you tonight?   **Yes, they will.**
– Werden Sie dich heute   *Ja(, das werden sie).*
   Abend anrufen?

Besonders aufpassen sollte man bei dem Verb **be**, da hier die
Form in der Kurzantwort an die Person angepasst werden muss.
Were you happy? – Yes, I was.
– Warst du glücklich? – Ja(, war ich.)

Are you happy? – Yes, I am.
– Bist du glücklich? – Ja(, bin ich.)

Außerdem sollten Sie beachten, dass nur in verneinten
Kurzantworten Kurzformen (mit **n't**) möglich sind. In bejahen-
den Kurzantworten kann das Hilfsverb nicht in Kurzform mit
Apostroph an das Pronomen angehängt werden.
Yes, she is (nicht ~~she's!~~).   **No, she isn't**.
– Ja(, ist sie.)   *– Nein(, ist sie nicht.)*

Auch auf Fragesätze, die nur mit einem Vollverb gebildet
werden (Subjektfragen), können Sie eine Kurzantwort geben.
In diesen Fällen wird mit **do** umschrieben.
Who took the letter?   **I did. / I didn't.**
Wer nahm den Brief?   *Ich. / Ich nicht.*

In der Umgangssprache ist hier jedoch auch ein Personal-
pronomen in der Objektform üblich.
Who took the letter?   **Me. / Not me. / Him.**

§v 1   VOLLVERBEN UND HILFSVERBEN

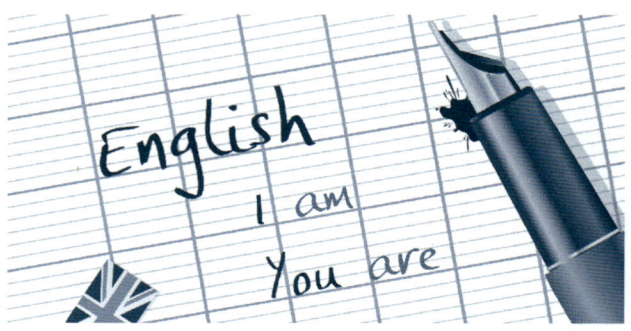

Die **einfachen Zeiten present simple** und **past simple** werden ohne Hilfsverb, also nur mit dem Vollverb gebildet.

Sabine lives in Germany. – *Sabine lebt in Deutschland.*

Bei den **zusammengesetzten Zeitformen** treten **be** und **have** als Hilfsverben in Verbindung mit einem Vollverb auf:

The child is sleeping. – *Das Kind schläft.*

I have seen him before. – *Ich habe ihn schon einmal gesehen.*

Bei der **Verneinung** von Vollverben und bei **Fragen** mit Vollverben muss im **present simple** und **past simple** das Hilfsverb **do** verwendet werden:

I don't know her. – *Ich kenne sie nicht.*

Do you know her? – *Kennst du sie?*

Where did she live before? – *Wo hat sie früher gelebt?*

She didn't live in Germany. – *Sie hat nicht in Deutschland gelebt.*

Fragen nach dem Subjekt (wer?) werden ohne das Hilfsverb **do** gebildet: **Who lives next door?** – *Wer wohnt nebenan?*

 2   DAS VERB *BE*

Das Verb **be** (*sein*) ist unregelmäßig. Es wird sowohl als Vollverb als auch als Hilfsverb verwendet:

He is angry. – *Er ist verärgert.* (Vollverb)

He is going to Boston. – *Er geht nach Boston.* (Hilfsverb)

present simple		past simple	
I am	*ich bin*	**I was**	*ich war*
you are	*du bist*	**you were**	*du warst*
he / she / it is	*er / sie / es ist*	**he / she / it was**	*er / sie / es war*
we are	*wir sind*	**we were**	*wir waren*
you are	*ihr seid / Sie sind*	**you were**	*ihr wart / Sie waren*
they are	*sie sind*	**they were**	*sie waren*

Das Partizip Perfekt (**past participle**) von **be** lautet **been**.

We have never been to Australia. – *Wir sind noch nie in Australien gewesen.*

Die Verbformen von **be** werden im Präsens in Kombination mit Personalpronomen (**I, you, he**, etc.) häufig **verkürzt**. Dabei wird der erste Buchstabe der Verbform weggelassen und durch einen Apostroph ersetzt.

I'm	**you're**	**he's / she's / it's**	**we're**	**you're**	**they're**

Bei der **Verneinung** wird **not** dem Verb nachgestellt.

I'm not a taxi driver. – *Ich bin kein Taxifahrer.*

She's not in the office today. – *Sie ist heute nicht im Büro.*

Bei **Fragen**, in denen **be** als Vollverb verwendet wird, werden Subjekt und Objekt vertauscht. Das Hilfsverb **do** wird im **present simple** nicht benötigt.

Are you not cold? – *Ist dir nicht kalt?*

Is he still in Manchester? – *Ist er noch in Manchester?*

. . . .

§ᵛ 3 **DAS VERB *DO***

Will man Sätze verneinen, dessen Prädikat nur aus einem Vollverb besteht, so geschieht dies mit den Formen des Hilfsverbs **do** und mit der Verneinungspartikel **not** bzw. **-n't**:

David doesn't / does not live in Germany. – *David lebt nicht in Deutschland.*

Das Hilfsverb **do** wird auch bei der Bildung von Fragen verwendet, bei denen das Prädikat nur aus einem Vollverb besteht:

Does Sue live in Germany? – *Lebt Sue in Deutschland?*

Do kann aber auch als Vollverb verwendet werden. **Verneinung** und **Frage** erfolgen in diesem Fall wie bei den anderen Vollverben ebenfalls mit **do:**

I do the dishes every day. – *Ich spüle jeden Tag das Geschirr.*

I don't do business with them. – *Ich mache keine Geschäfte mit ihnen.*

Do you do your homework every day? – *Machst du jeden Tag deine Hausaufgaben?*

. . . .

 4   DAS VERB *HAVE*

Bei den **zusammengesetzten Zeiten** mit **have** wird die Verneinung ohne **do**-Formen allein mit der Verneinungspartikel **not** bzw. **-n't** gebildet. Auch bei der Bildung von **Fragen** wird keine **do**-Form verwendet:

I haven't seen him today. – *Ich habe ihn heute noch nicht gesehen.*

Have you seen him today? – *Hast du ihn heute schon gesehen?*

In der Bedeutung *besitzen* oder *als Merkmal aufweisen* wird **have** in den **einfachen Zeiten** als Vollverb verwendet. **Verneinung** und **Frage** werden in diesem Fall **mit do** gebildet:

I have a computer but I don't have a scanner.
– *Ich habe einen Computer, aber ich habe keinen Scanner.*

Do you have a printer? – *Hast du einen Drucker?*

Im britischen Englisch wird im **present simple** häufig auch die Variante mit **have got** verwendet:

I have got a computer but I haven't got a scanner.
– *Ich habe einen Computer, aber keinen Scanner.*

Have you got a printer? – *Hast du einen Drucker?*

In der Bedeutung *besitzen* bzw. *als Merkmal aufweisen* bildet **have** als Vollverb die entsprechenden **zusammengesetzten Zeiten** mit **have** als Hilfsverb, wie die anderen Verben auch. Das Verb **have** kann in einem Satz also gleichzeitig sowohl als Hilfsverb als auch als Vollverb auftreten. **Verneinung** und **Frage** werden in diesem Fall **ohne do** gebildet:

I have had a computer once. – *Ich hatte einmal einen Computer.*

I have never had a scanner. – *Ich hatte noch nie einen Scanner.*

Have you ever had a printer? – *Hast du jemals einen Drucker gehabt?*

In Verbindung mit bestimmten Substantiven tritt **have** ebenfalls als Vollverb auf: **have breakfast** *(frühstücken)*, **have a bath** *(baden)*, **have a nice weekend** *(ein schönes Wochenende haben)*. Es gelten hierbei die gleichen Regeln wie bei **have** in der Bedeutung *besitzen, als Merkmal aufweisen*:

I had a nice holiday. – *Ich hatte schöne Ferien.*

I didn't have a nice weekend. – *Ich hatte kein schönes Wochenende.*

Did you **have** breakfast this morning? – *Hast du heute Morgen gefrühstückt?*

 5 PRESENT SIMPLE

1 Regelmäßige Verben

Das **present simple** (einfaches Präsens) entspricht bei regelmäßigen Verben immer der Grundform des Verbs, ausgenommen die 3. Person Singular (**he / she / it**), bei der ein **-s** angehängt wird.

Bei **he**, **she, it** muss das **-s** immer mit!

	work	speak	live
I	work	speak	live
you	work	speak	live
he / she / it	work**s**	speak**s**	live**s**
we	work	speak	live
you	work	speak	live
they	work	speak	live

Das **present simple** bezieht sich auf allgemeine oder objektive Informationen und sich wiederholende Aktivitäten:

We live in London. – *Wir leben in London.*

Jim watches TV after work. – *Jim sieht nach der Arbeit (immer) fern.*

Vollverben wie **live** oder **eat** werden **verneint**, indem man **do not / don't** bzw. **does not / doesn't** dem Verb voranstellt. Das Vollverb bleibt hierbei immer in der Grundform, d. h. ohne **s**-Endung in der 3. Person Singular.

She lives in Mexico.	→ **She doesn't live in Mexico.**
– *Sie lebt in Mexiko.*	– *Sie lebt nicht in Mexiko.*
We often eat pizza.	→ **We don't eat pizza often.**
– *Wir essen oft Pizza.*	– *Wir essen nicht oft Pizza.*

Zur Bildung von **Fragen** benötigt man, wie bei der Verneinung, ebenfalls **do** bzw. **does**.

He speaks Italian.	→ **Does he speak Italian?**
– *Er spricht Italienisch.*	– *Spricht er Italienisch?*
They work in a hotel.	→ **Do they work in a hotel?**
– *Sie arbeiten in einem Hotel.*	– *Arbeiten sie in einem Hotel?*

Auch bei Fragen steht das Vollverb immer in der Grundform, d. h. ohne **s**-Endung in der 3. Person Singular.

2 Unregelmäßige Verben

Einige Verben haben eine unregelmäßige Form im **present simple**. Dies gilt auch für die Hilfsverben **do**, **be**, **have** sowie für das Verb **go**.

	be	have	do	go
I	am	have	do	go
you	are	have	do	go
he / she / it	is	has	does	goes
we	are	have	do	go
you	are	have	do	go
they	are	have	do	go

Manche Verben haben in der dritten Person Singular (**he / she / it**) im **present simple** eine besondere Schreibweise. Hierzu gehören Verben, die auf **Konsonant + -y** enden. Die Endung **-y** wird dann zu **-ies**:

try → he / she / it tries *(er / sie / es versucht)*
fly → he / she / it flies *(er / sie / es fliegt)*

Endet das Verb jedoch auf einen **Vokal + -y**, wird nur ein **-s** angehängt.

stay → he / she / it stays *(er / sie / es bleibt)*
say → he / she / it says *(er / sie / es sagt)*

Bei Verben, die auf **-s** enden, wird ein **-es** angehängt:

cross → he / she / it crosses *(er / sie / es überquert)*
miss → he / she / it misses *(er / sie / es vermisst)*

§v 6 **PRESENT CONTINUOUS**

Das **present continuous** (Verlaufsform) wird aus der **present simple**-Form von **be** und der so genannten **ing-Form** des Vollverbs gebildet. Die **ing-Form** erhält man, indem man **-ing** an die Grundform des entsprechenden Verbs anhängt. Bei Verben, die auf **-e** enden, entfällt das **-e** (come → coming).

walk (gehen)

I	am walking	we	are walking
you	are walking	you	are walking
he / she / it	is walking	they	are walking

Das **present continuous** bezieht sich auf Vorgänge, die zum Sprechzeitpunkt oder im gegenwärtigen Zeitraum ablaufen. Oft tritt es in Verbindung mit einer **Zeitangabe der Zukunft** auf, um so über geplante Ereignisse in der Zukunft zu sprechen:

I am looking at the picture. – Ich schaue mir das Bild an.

We are eating dinner. – Wir essen zu Abend.

I am visiting my parents tomorrow. – Morgen besuche ich meine Eltern.

Die **Verneinung** wird mit **not** gebildet. **Not** steht immer direkt hinter der Form von **be**. **Are not** und **is not** können zu **aren't** und **isn't** abgekürzt werden.

I'm not talking to you. – Ich rede nicht mit dir.

He isn't listening. / He's not listening. – Er hört nicht zu.

They aren't sleeping. / They're not sleeping. – *Sie schlafen nicht.*

Fragen werden gebildet, indem man das Subjekt und die Form von **be** vertauscht.

Are you reading a book? – *Liest du gerade ein Buch?*

What is she doing? – *Was macht sie gerade?*

In **Kurzantworten** wird das Hilfsverb wieder aufgenommen und kann verneint werden.

Are you reading your e-mails? – **Yes, I am. / No, I'm not.**
– *Liest du deine E-Mails? – Ja(,das tue ich.) / Nein(, das tue ich nicht.)*

Is he playing golf? – **Yes, he is. / No, he isn't.**
– *Spielt er gerade Golf? – Ja(,das tut er.) / Nein(, das tut er nicht.)*

Are they at lunch? – **Yes, they are. / No, they aren't.**
– *Sind sie beim Mittagessen? – Ja(, das sind sie.) / Nein(, das sind sie nicht.)*

· ·

§ⱽ **7 PAST SIMPLE**

Das **past simple** (einfache Vergangenheit, 2. Form des Verbs) bleibt für alle Personen gleich. Bei regelmäßigen Verben wird die **past simple-Form** gebildet, indem man **-ed** an die Grundform der Verben anhängt. Endet ein Verb bereits auf **-e**, wird nur **-d** angehängt: **walk** *(gehen)* → **walked**, **call** *(rufen)* → **called**, **live** *(wohnen)* → **lived**

cook *(kochen)*

I	cook**ed**	*kochte*
you	cook**ed**	*kochtest / kochten*
he / she / it	cook**ed**	*kochte*
we	cook**ed**	*kochten*
you	cook**ed**	*kochtet / kochten*
they	cook**ed**	*kochten*

Manche Verben bilden **unregelmäßige** Vergangenheitsformen. Hierzu gehören z. B. **see** *(sehen)* → **saw**, **eat** *(essen)* → **ate**, **go** *(gehen)* → **went**.

Das **past simple** wird oft in Verbindung mit einer **Zeitangabe der Vergangenheit** gebraucht und bezieht sich auf vollendete, abgeschlossene Handlungen und Fakten in der Vergangenheit.

We worked in London in the nineties. – *Wir arbeiteten in den 90er-Jahren in London.*

I passed the test *in June*. – *Ich habe den Test im Juni bestanden.*

Verneinungen bildet man mit **did not** (/ **didn't**) und der Grundform des Vollverbs. **Did** ist dabei die Vergangenheitsform von **do**.

They didn't go to the party. – *Sie sind nicht auf die Party gegangen.*

She didn't tell him what happened. – *Sie erzählte ihm nicht, was passierte.*

Ausgenommen sind Sätze, in denen **be** als Vollverb verwendet wird. Hier bildet man die **Verneinung** mit **was not** (/ **wasn't**) bzw. **were not** (/ **weren't**), also der Vergangenheitsform von **be**.

She wasn't very polite to her parents. – *Sie war nicht sehr höflich zu ihren Eltern.*

They weren't happy with his work. – *Sie waren mit seiner Arbeit nicht zufrieden.*

Fragen werden mit **did** bzw. **didn't** und der Grundform des Vollverbs gebildet.

What did you tell her? – *Was hast du ihr erzählt?*

Didn't he buy a new PC? – *Hat er nicht einen neuen PC gekauft?*

Ausgenommen sind auch hier Fragen, in denen **be** als Vollverb verwendet wird.

Were you happy? – *Waren Sie glücklich?*

Why was he sad? – *Warum war er traurig?*

In **Kurzantworten** wird das **did** der Frage wiederholt bzw. wiederholt und verneint.

Did he go to the theatre? – Yes, he did. / No, he didn't.
Ist er ins Theater gegangen? – Ja(, ist er). / Nein(, ist er nicht).

Did they buy a house? – Yes, they did. / No, they didn't.
Haben sie ein Haus gekauft? – Ja(, haben sie). / Nein(, haben sie nicht).

Bei **Fragen** mit **be** als Vollverb, wird **was** bzw. **were** in den Kurzantworten wiederholt.

Were they tired? – **Yes, they** were. / **No, they** weren't.
Waren sie müde? – Ja(, waren sie). / Nein(, waren sie nicht).

Was he at the airport? – **Yes, he was.** / **No, he** wasn't.
War er am Flughafen? – Ja(, war er). / Nein(, war er nicht).

- -

§ᵛ 8   PRESENT PERFECT

Das **present perfect** setzt sich aus dem Hilfsverb **have** im **present simple** und dem Vollverb im **past participle** (3. Form) zusammen. Dabei wird bei regelmäßigen Verben **-ed** an die Grundform angehängt. Endet ein Verb bereits auf **-e**, wird nur **-d** angehängt.

ask *(fragen)*		
I	**have asked**	*habe gefragt*
you	**have asked**	*hast / haben gefragt*
he / she / it	**has asked**	*hat gefragt*
we	**have asked**	*haben gefragt*
you	**have asked**	*habt / haben gefragt*
they	**have asked**	*haben gefragt*

Manche Verben bilden **unregelmäßige** Formen als **past participle**. Hierzu gehören z. B. **go → have gone, see → have seen** oder **find → have found.**
Have und **has** werden meist gekürzt zu **'ve** und **'s**.

We've planned a trip to China. – *Wir haben eine Reise nach China geplant.*

He's worked for our company for 10 years now. – *Er arbeitet jetzt schon seit 10 Jahren für unsere Firma.*

Im Gegensatz zum Deutschen, wo das Perfekt mit *sein* oder *haben* gebildet wird, steht im Englischen immer **have / has** im **present perfect** mit unterschiedlicher deutscher Entsprechung: **They have gone.** – *Sie sind gegangen.*

Das **present perfect** bezieht sich auf das Ergebnis einer Handlung, die **vor** dem Sprechzeitpunkt abgelaufen ist, für die Gegenwart aber von Bedeutung ist.

Oh look! Robert has washed his hair. – *Schau mal! Robert hat seine Haare gewaschen.*

We have been here before. – *Wir sind hier schon einmal gewesen.*

Verneint wird das **present perfect** mit **have not (/ haven't)** bzw. **has not (/ hasn't)**.

We haven't met him. – *Wir haben ihn nicht getroffen.*

She hasn't called yet. – *Sie hat noch nicht angerufen.*

Fragen bildet man, indem man Subjekt und Hilfsverb vertauscht.

Have they ever been to Glasgow? – *Waren sie schon mal in Glasgow?*

Has she told him what happened?
– *Hat sie ihm erzählt, was passiert ist?*

In **Kurzantworten** wird das Hilfsverb **have** aus der Frage noch einmal aufgenommen bzw. wiederholt und verneint.

Have you seen Tom lately? – Yes, I have. / No, I haven't.
Hast du Tom in letzter Zeit gesehen? – Ja(, habe ich). /
Nein(, habe ich nicht).

Has Tom come back yet? – Yes, he has. / No he hasn't.
Ist Tom schon zurückgekommen? – Ja(, ist er). / Nein(, ist er nicht).

 9 PRESENT PERFECT CONTINUOUS

Das **present perfect continuous** wird aus **have been / has been** + der **-ing-Form** des Verbs gebildet.

talk *(reden)*

I	have	been talking
you	have	been talking
he / she / it	has	been talking
we	have	been talking
they	have	been talking

Das **present perfect continuous** tritt häufig mit einer Zeit-angabe und **since** oder **for** auf. Es bezieht sich auf Vorgänge, die vor dem Sprechzeitpunkt bzw. vor dem gegenwärtigen Zeitraum begonnen haben und noch fortdauern:

We have been developing this idea since May.
– *Wir arbeiten schon seit Mai an dieser Idee.*

He's been waiting for this moment for years.
– *Er wartet seit Jahren auf diesen Moment.*

Die **Verneinung** wird mit **not** gebildet. **Not** steht immer direkt hinter der Form von **have**. **Have not** und **has not** können zu **haven't** und **hasn't** abgekürzt werden.

Bei **Fragen** steht **have** bzw. **has** am Anfang des Satzes.

Have you been waiting long? – *Wartest du schon lange?*

How long has she been learning English?
– *Wie lange lernt sie schon Englisch?*

In **Kurzantworten** wird **have** oder **has** noch einmal aufgenommen bzw. wiederholt und verneint.

Has she been working all night? – **Yes, she has.**
– *Hat sie die ganze Nacht gearbeitet? – Ja(, hat sie).*

Have you been feeling ill since last week? – **No, I haven't.**
– *Fühlst du dich seit letzter Woche krank? Nein(, tue ich nicht).*

· ·

 §ᵛ 10 **WILL FUTURE**

Das **will future** (einfache Zukunft) wird gebildet, indem man **will (/'ll)** vor die Grundform des Vollverbs setzt. **Will** ist in seiner Form unveränderlich, d. h. für alle Personen gleich.

read *(lesen)*			
I	**will / 'll read**	**we**	**will / 'll read**
you	**will / 'll read**	**you**	**will / 'll read**
he / she / it	**will / 'll read**	**they**	**will / 'll read**

Ins Deutsche wird diese Form meist mit dem Präsens oder auch mit *werden* und dem Vollverb übersetzt.

I'll call you on Monday. – *Ich rufe dich am Montag an. / Ich werde dich am Montag anrufen.*

They'll meet you at the airport. – *Sie treffen dich am Flughafen. / Sie werden dich am Flughafen treffen.*

Das **will future** drückt Vorhersagen, Versprechungen, unvermeidbare Fakten sowie spontane Entscheidungen aus:

There will be snow tomorrow – *Morgen wird es schneien.*

We will meet in London next year. – *Wir treffen uns nächstes Jahr in London.*

I'll help you with the luggage! – *Ich helfe dir mit dem Gepäck!*

Die **Verneinung** wird mit **will not (/ won't)** gebildet.

He won't come to the meeting. – *Er wird nicht zum Treffen kommen.*

In **Fragen** werden das Subjekt und **will** bzw. **won't** vertauscht.

What will you tell her? – *Was wirst du ihr erzählen?*

Will Ann be in the office all day? – *Wird Anna den ganzen Tag im Büro sein?*

Won't you give him your phone number? – *Wirst du ihm deine Telefonnummer nicht geben?*

In **Kurzantworten** wird **will** bzw. **won't** wiederholt.

Will she be back soon? – Yes, she **will**. / No, she **won't**.
Wird Sie bald zurück sein? – Ja(, wird sie.) / Nein(, wird sie nicht.)

§ᵛ **11   ZUKUNFT MIT *GOING TO***

Die **going to**-Zukunftsform setzt sich aus **be + going to + Verb** zusammen. Das Vollverb steht hierbei immer in der Grund-form.

fly *(fliegen)*

I	am	going to fly	*werde fliegen*
you	are	going to fly	*wirst / werden fliegen*
he / she / it	is	going to fly	*wird fliegen*
we	are	going to fly	*werden fliegen*
you	are	going to fly	*werdet / werden fliegen*
they	are	going to fly	*werden fliegen*

I am going to practise my English every day.
– *Ich werde jeden Tag Englisch üben.*

Sally is going to become a very capable manager.
– *Sally wird eine sehr fähige Managerin werden.*

Die **going to**-Zukunftsform bezieht sich auf beabsichtigte Handlungen sowie auf Schlussfolgerungen aufgrund von Tatsachen oder Umständen in der Gegenwart, welche nach dem Sprechzeitpunkt eintreten. Es lässt sich gut mit *werden* übersetzen.

He's not going to fly to South Africa.
– Er wird nicht nach Südafrika fliegen.

How are you going to organize the festival?
– Wie werden Sie das Festival organisieren?

 12　IMPERATIV

Die Befehlsform, der sogenannte Imperativ, entspricht im Englischen immer der Grundform eines Verbs.

Get up! *– Steh auf!*

Um Befehle oder Anweisungen etwas freundlicher klingen zu lassen, wird oft ein **please** vorangestellt.

Please help me. *– Hilf mir bitte.*

Please don't smoke. *– Bitte nicht rauchen.*

Mit dem Imperativ werden auch gute Wünsche oder Aufforderungen ausgedrückt.

Have a nice day! *– Einen schönen Tag!*

Please fasten your seat belts. *– Schnallen Sie sich bitte an.*

Sign here, please. *– Bitte hier unterschreiben.*

Auch für Bedienungsanleitungen wird er häufig verwendet.

Please follow these instructions carefully.
– Bitte befolgen Sie diese Anweisungen genau.

Verneint wird der Imperativ mit **don't**.

Don't wait! *– Warte nicht!*

Don't be angry. *– Sei nicht böse.*

 13 UNREGELMÄSSIGE VERBEN

Bei Verben unterscheidet man drei Formen: die erste Form **infinitive** (Grundform), die zweite Form **past simple** (einfache Vergangenheit) und die dritte Form **past participle** (Partizip der Vergangenheit).
Es folgt eine Liste der wichtigsten unregelmäßigen Verben, deren 2. und 3. Form nicht aufgrund von Regeln abgeleitet werden können.

1. Form	2. Form	3. Form	
be	**was / were**	**been**	*sein*
become	**became**	**become**	*werden*
begin	**began**	**begun**	*anfangen*
bite	**bit**	**bitten**	*beißen*
blow	**blew**	**blown**	*blasen*
break	**broke**	**broken**	*brechen*
bring	**brought**	**brought**	*bringen*
build	**built**	**built**	*bauen*

buy	bought	bought	*kaufen*
catch	caught	caught	*erreichen, fangen*
choose	chose	chosen	*wählen*
come	came	come	*kommen*
cost	cost	cost	*kosten*
cut	cut	cut	*schneiden*
do	did	done	*tun*
draw	drew	drawn	*zeichnen*
drink	drank	drunk	*trinken*
drive	drove	driven	*fahren*
eat	ate	eaten	*essen*
fall	fell	fallen	*fallen*
feel	felt	felt	*(sich) fühlen*
fight	fought	fought	*kämpfen*
find	found	found	*finden*
fly	flew	flown	*fliegen*
forget	forgot	forgotten	*vergessen*
get	got	got	*bekommen*
give	gave	given	*geben*
go	went	gone	*gehen*
grow	grew	grown	*wachsen*
have	had	had	*haben*
hear	heard	heard	*hören*
hide	hid	hidden	*verstecken*
hit	hit	hit	*treffen*

hold	held	held	*halten*
hurt	hurt	hurt	*schmerzen*
keep	kept	kept	*halten*
know	knew	known	*wissen*
lend	lent	lent	*verleihen*
leave	left	left	*weggehen*
let	let	let	*lassen*
lose	lost	lost	*verlieren*
make	made	made	*machen*
mean	meant	meant	*meinen*
meet	met	met	*treffen*
pay	paid	paid	*bezahlen*
put	put	put	*stellen, legen*
read	read	read	*lesen*
ring	rang	rung	*klingeln*
rise	rose	risen	*steigen*
run	ran	run	*laufen, rennen*
say	said	said	*sagen*
see	saw	seen	*sehen*
sell	sold	sold	*verkaufen*
send	sent	sent	*schicken*
set	set	set	*setzen*
shake	shook	shaken	*schütteln*
shine	shone	shone	*scheinen*
shoot	shot	shot	*schießen*

show	showed	shown	*zeigen*
sit	sat	sat	*sitzen*
speak	spoke	spoken	*sprechen*
spend	spent	spent	*ausgeben*
stand	stood	stood	*stehen*
take	took	taken	*nehmen*
teach	taught	taught	*unterrichten*
tell	told	told	*erzählen*
think	thought	thought	*denken*
throw	threw	thrown	*werfen*
wear	wore	worn	*tragen*
win	won	won	*gewinnen*
write	wrote	written	*schreiben*

Achtung: Die Vergangenheitsformen von **find** (*finden*) können leicht mit dem regelmäßigen Verb **found** (*gründen*) verwechselt werden!

§ᵛ 14 MODALE HILFSVERBEN

Modale Hilfsverben wie **can**, **should** oder **would** werden zusammen mit einem Vollverb verwendet und dienen dazu, Erwartungen und Meinungen auszudrücken. Darüber hinaus werden sie verwendet, um anzuzeigen, dass etwas möglich, nicht möglich oder notwendig ist.

1 can / could

Wie im Deutschen kann man mit dem modalen Hilfsverb **can** eine **Möglichkeit**, eine **Fähigkeit**, eine **Erlaubnis** oder auch eine **Bitte** zum Ausdruck bringen.

- **<u>Möglichkeit:</u>** I **can** take the flight tomorrow.
  - *Ich kann den Flug morgen nehmen.*

- **<u>Fähigkeit:</u> Can** you speak English? – *Kannst du Englisch?*

- **<u>Erlaubnis:</u>** You **can** use my PC if you want.
  – *Du kannst meinen Computer benutzen, wenn du möchtest.*

- **<u>Bitte:</u> Can** you help me, please? – *Kannst du mir bitte helfen?*

Can bleibt für alle Personen gleich, d. h. im **present simple** gibt es nur eine Form. Die **past simple**-Form von **can** ist **could**: We **could**n't help her. – *Wir konnten ihr nicht helfen.*

Möchte man sich höflich ausdrücken, kann anstelle von **can** auch die Form **could** verwendet werden.

Could I have a bottle of wine, please? – *Könnte ich bitte eine Flasche Wein haben?*

Auch **could** ist unveränderlich, es bleibt für alle Personen gleich.

2 would

Mit **would** kann ein **Angebot** oder eine **hypothetische Situation** zum Ausdruck gebracht werden.

- **Angebot:** **Would you like a cup of tea?** – *Möchtest du eine Tasse Tee?*

- **hypothetische Situation:** **A bigger flat would be great.**
  – *Eine größere Wohnung wäre klasse.*

Auch **would** ist für alle Personen unveränderlich.

3 should

Das Hilfsverb **should** wird gebraucht, um eine **Verpflichtung,** einen **Rat** oder eine **Vermutung** auszudrücken.

- **Verpflichtung:** **He should check his e-mail every day**.
  – *Er sollte jeden Tag seine E-Mails durchgehen.*

- **Rat:** **You should read this book.** – *Du solltest dieses Buch lesen.*

- **Vermutung:** **The train should arrive in 10 minutes.**
  – *Der Zug müsste in 10 Minuten ankommen.*

4 *Have to* und *must*

Have to bedeutet ganz allgemein *müssen*. Es drückt eine **Notwendigkeit** aus, deren Ursache eine Vorschrift, Verpflichtung, Autorität oder auch die Umstände sein können.

He has to be at work at 8 a.m.
– *Er muss um 8 Uhr bei der Arbeit sein.*

The doctor says you have to stay in bed.
– Der Arzt sagt, du musst im Bett bleiben.

Did you have to wait long? *– Musstest du lange warten?*

Must bedeutet ebenfalls *müssen*, drückt aber eine innere Verpflichtung oder ein Bedürfnis aus.

I must call my sister. *– Ich muss meine Schwester anrufen.*

Es wird auch dann benutzt, wenn etwas als wahrscheinlich angenommen wird.

You must be tired. *– Du musst müde sein.*

Must ist unveränderlich und wird nur im Präsens verwendet.

Vorsicht! **Must** im Sinne von **müssen** wird mit **don't / doesn't have to** verneint:
You don't have to go there. *– Du musst da nicht hingehen.*
Mustn't heißt auf Deutsch *nicht dürfen*. Es wird immer dann verwendet, wenn etwas verboten oder nicht akzeptiert ist.
You mustn't smoke in the office. *– Man darf im Büro nicht rau-chen.*

5 Verneinung von modalen Hilfsverben

Die Verneinung von **can** lautet **cannot** oder verkürzt **can't**.

I cannot / can't come to the party. *– Ich kann nicht zur Party kommen.*

Cannot wird immer zusammengeschrieben!

Auch die Verneinung von **would** und **should** wird mit **not** ge-
bildet. Verwendet man hierbei die Kurzform **n't**, wird diese di-
rekt an das Modalverb angehängt.

That would not / wouldn't be nice. – *Das wäre nicht nett.*

You should not / shouldn't drink too much coffee.
– *Du solltest nicht zu viel Kaffee trinken.*

Wird **should** verneint, kann es auch die Bedeutung eines
Vorwurfs, einer **Missbilligung** oder einer **Warnung** haben.

Have to wird mit **don't / doesn't** verneint und heißt dann *nicht
müssen.*

You don't have to buy me a present. – *Du musst mir kein
Geschenk kaufen.*

She doesn't have to go to the doctor. – *Sie muss nicht zum
Arzt gehen.*

6 Fragen mit modalen Hilfsverben

Fragen werden gebildet, indem man das modale Hilfsverb und
das Subjekt vertauscht. Das Vollverb steht dabei immer in der
Grundform.

They can speak Spanish. → **Can they speak Spanish?**
– Sie sprechen Spanisch. → Sprechen sie Spanisch?

She would like to have a new car. → **Would she like to have a new car?** *– Sie hätte gerne ein neues Auto. → Hätte sie gerne ein neues Auto?*

We should go now. → **Should we go now?**
– Wir sollten jetzt gehen. – Sollen wir jetzt gehen?

Vorsicht bei Fragen mit Verneinungen! **We shouldn't...** und **Shouldn't we...?** etwa haben nicht die gleiche Bedeutung.
We shouldn't take the bus.
– Wir sollten (lieber) nicht mit dem Bus fahren.
Shouldn't we take the bus?
– Wäre es nicht besser, mit dem Bus zu fahren?

§ 15 **PASSIV**

Das **Passiv** wird mit den Formen von **be** in Verbindung mit dem **past participle** gebildet.

be taught *(gelehrt werden)*
present simple

I	am / 'm	taught
you / we / they	are / 're	taught
he / she / it	is / 's	taught

present continuous

I	am / 'm	being taught
you / we / they	are / 're	being taught
he / she / it	is / 's	being taught

past simple

| I / he / she / it | was | taught |
| you / we / they | were | taught |

present perfect

| I / you / we / they | have / 've | been taught |
| he / she / it | has / 's | been taught |

present perfect continuous

I	am / 'm	being taught
you / we / they	are / 're	being taught
he / she / it	is / 's	being taught

will future

| I / you / he / she / it / we / they | will / 'll | be taught |

In Passivsätzen steht die Handlung im Vordergrund. Der Handelnde wird daran anschließend mit **by** genannt:

The play was written by Shakespeare.
– Das Theaterstück wurde von Shakespeare geschrieben.

This book is / has been published by PONS.
– Diese Buch wurde von PONS veröffentlicht.

§v 15 KONJUGATIONSÜBERSICHT

Die wichtigsten unregelmäßigen Formen am Beispiel von *eat*, *go*, *speak*

eat *(essen)* — past participle: eaten

	Pres. simple	Pres. perfect	Past simple	Past Perfect
I / you / we / they	eat	have / 've eaten	ate	had / 'd eaten
he / she / it	eats	has / 's eaten	ate	had / 'd eaten

go *(gehen)* — past participle: gone

	Pres. simple	Pres. perfect	Past simple	Past Perfect
I / you / we / they	go	have / 've gone	went	had / 'd gone
he / she / it	goes	has / 's gone	went	had / 'd gone

speak *(sprechen)* — past participle: spoken

	Pres. simple	Pres. perfect	Past simple	Past Perfect
I / you / we / they	speak	have / 've spoken	spoke	had / 'd spoken
he / she / it	speaks	has / 's spoken	spoke	had / 'd spoken

1 Falsche Freunde – *false friends*

Viele englische Wörter ähneln deutschen Wörtern, haben aber oft eine ganz andere Bedeutung. Es folgt eine Auflistung der häufigsten Stolperfallen mit den jeweiligen richtigen Übersetzungen.

Verben		
to become	~~bekommen~~	→ *werden*
to blame	~~blamieren~~	→ *die Schuld geben*
to irritate	~~irritieren~~	→ *verärgern*
to oversee	~~übersehen~~	→ *beaufsichtigen*
to overhear	~~überhören~~	→ *zufällig mithören*
to reclaim	~~reklamieren~~	→ *zurückverlangen*
to wonder	~~sich wundern~~	→ *sich fragen*

Adjektive

actual(ly)	~~aktuell~~	→ tatsächlich
brave	~~brav~~	→ mutig
consequent	~~konsequent~~	→ daraus folgend
decent	dezent	→ anständig, angemessen
eventual(ly)	~~eventuell~~	→ schließlich
engaged	~~engagiert~~	→ verlobt
familiar	~~familiär~~	→ vertraut, bekannt
genial	~~genial~~	→ freundlich
ordinary	~~ordinär~~	→ gewöhnlich, normal
pregnant	~~prägnant~~	→ schwanger
rentable	~~rentabel~~	→ (ver)mietbar
self-conscious	~~selbstbewusst~~	→ gehemmt, befangen
sensible	~~sensibel~~	→ vernünftig
sympathetic	~~sympathisch~~	→ mitfühlend
thick	~~dick~~	→ dicht, zähflüssig; dumm

Schule und Universität

blackboard	~~schwarzes Brett~~	→ (Schul)tafel
floor	~~Flur~~	→ Fußboden; Etage
gymnasium	~~Gymnasium~~	→ Turnhalle
high school	~~Hochschule~~	→ weiterführende Schule
map	~~Mappe~~	→ (Land)karte

to mob	~~mobben~~	→ umringen
note	~~Note (Zensur)~~	→ Notiz
promotion	~~Promotion~~	→ Beförderung, Werbekampagne

Bei der Arbeit

bureau	~~Büro~~	→ Amt, Behörde; Agentur
chef	~~Chef(in)~~	→ Koch, Köchin
concurrence	~~Konkurrenz~~	→ Übereinstimmung
critic	~~Kritik~~	→ Kritiker(in)
direction	~~Direktion~~	→ Richtung
fabric	~~Fabrik~~	→ Stoff (Gewebe)
housemaster	~~Hausmeister(in)~~	→ Lehrer im Internat
to overtake	~~übernehmen~~	→ überholen
personal	~~Personal~~	→ persönlich
prospects	~~Prospekte~~	→ Aussichten
to prove	~~prüfen~~	→ beweisen
quote	~~Quote~~	→ Zitat
undertaker	~~Unternehmer(in)~~	→ Leichenbestatter(in)
warehouse	~~Warenhaus~~	→ Lager

Finanzen

briefcase	~~Brieftasche~~	→ Aktentasche
caution	~~Kaution~~	→ Vorsicht; Warnung
rate	~~Rate~~	→ Kurs, Satz
rent	~~Rente~~	→ Miete

to spare	~~sparen~~	→ (ver)schonen
to spend	~~spenden~~	→ ausgeben

Medien und Kommunikation

audience	~~Audienz~~	→ Publikum
formula	~~Formular~~	→ Formel
handy	~~Handy~~	→ handlich
meaning	~~Meinung~~	→ Bedeutung
photograph	~~Fotograf(in)~~	→ Foto(grafie)
Roman	~~Roman~~	→ Römer(in); römisch

Wie *Handy* (**mobile phone**) ist auch *Beamer (Projektor)* kein englisches Wort! Man sagt im englischsprachigen Raum **projector**.

Gesundheit und Essen

ambulance	~~Ambulanz~~	→ Rettungswagen
card	~~(Speise)karte~~	→ (Post-, Scheck-, Visiten-)Karte
flesh	~~Fleisch (Essen)~~	→ lebendes Fleisch
marmalade	~~Marmelade~~	→ Orangenmarmelade
menu	~~Menü~~	→ Speisekarte
recipe	~~Rezept (in der Medizin)~~	→ Rezept (beim Kochen)
sharp	~~scharf (Essen)~~	→ scharf (Klinge)
tablet	~~Tablett~~	→ Tablette

2 Problematische Verben

Auch unter den Verben gibt es falsche Freunde. Unten sehen Sie, welches Verb jeweils das richtige ist.

become	
~~become~~ **have** a baby	*ein Baby bekommen*
~~become~~ **get** / **receive** a present	*ein Geschenk bekommen / kriegen*
become a teacher	*Lehrer(in) werden*

do	
do the washing / shopping	*die Wäsche / Einkäufe machen*
do well	*gute Arbeit leisten*
do one's hair / nails	*sich die Haare / Nägel machen*

get	
get tired / old	*müde / alt werden*
~~get~~ **have** a child	*ein Kind bekommen / haben*
Can I **get** a drink?	*Kann ich mir etwas zu trinken holen?*
Can I ~~get~~ **have** a drink?	*Kann ich etwas zu trinken bekommen?*
get married / divorced	*heiraten / sich scheiden lassen*
get something done	*etwas erledigen*

have	
have breakfast / lunch	*frühstücken / zu Mittag essen*
have something done	*etwas machen lassen*

4 Problematische Adjektive / Adverbien

Adverbien ohne -ly

Obwohl die meisten Adverbien durch Anhängen eines **-ly** an das entsprechende Adjektiv geformt werden, gibt es eine Reihe von Ausnahmen. Bei den folgenden Wörtern sind Adjektiv- und Adverbform identisch:

fast *(schnell)*, **daily** *(täglich)*, **early** *(früh)*, **hard** *(hart)*, **high** *(hoch)*, **late** *(spät)*, **low** *(niedrig)*, **right** *(richtig)*

Adjektive, die auf -ly enden

Bei den folgenden Beispielen handelt es sich um Adjektive und nicht um Adverbien:

cowardly *(feige)*, **lively** *(lebendig)*, **lovely** *(schön)*, **lonely** *(einsam)*, **silly** *(dumm / blöd)*

Die adverbiale Bedeutung muss entsprechend umschrieben werden:

She sang in a lovely way. – *Sie sang schön.* (auf schöne Weise)

They reacted in a cowardly manner. – *Sie reagierten feige.* (auf feige Weise)

Falsche Verwandte

Folgende Wörter sehen zwar so aus, als wären sie die direkten adverbialen Verwandten von **dead** *(tot)*, **hard** *(hart)*, **late** *(spät)* oder **short** *(kurz)* – doch Vorsicht, dieser Eindruck täuscht!

deadly	*tödlich* (nur Adj.)
hardly	*kaum* (nur Adv.)
lately	*in letzter Zeit* (nur Adv.)
shortly	*bald, in Kürze* (nur Adv.)

Das Adverb von **good** ist **well**!
You speak English well. – *Sie sprechen gut Englisch.*
Well wird aber auch als Adjektiv im Sinne von *in guter gesundheitlicher Verfassung* verwendet.
She's well. – *Ihr geht es [gesundheitlich] gut.*

5 Häufig verwechselte Wörter

as ≠ like

Folgende Bedeutungsunterschiede sind zu beachten:

She plays tennis like a professional.
– *Sie spielt Tennis wie ein Profi.*

She plays tennis as a professional.
– *Sie spielt Tennis als Profi.* (= Sie ist Tennisprofi)

She plays tennis as well as a professional.
– *Sie spielt Tennis so gut wie ein Profi.*

big ≠ great ≠ large, little ≠ small

Big und **large** beschreiben konkrete Objekte und Menschen:

make

~~make~~ **have** an experience	*eine Erfahrung machen*
~~make~~ **do / take** a course	*einen Kurs machen*
~~make~~ **do** an internship	*ein Praktikum machen*
~~make~~ **do** one's homework	*Hausaufgaben machen*
~~make~~ **take / sit** an exam	*eine Prüfung machen*
~~make~~ **have** a party	*eine Fete machen*
~~make~~ **take** a photo	*ein Foto machen*
make a phone call	*einen Anruf tätigen*
make an appointment	*einen Termin ausmachen*

3 Singular- und Pluralformen

Keine Pluralform

Manche Substantive sind unzählbar. Daher kommen sie weder mit unbestimmtem Artikel (~~an information~~) noch als Pluralform (~~informations~~) vor:

accommodation *(Unterkunft/-künfte)*, **advice** *(Rat(schlag /-schläge))*, **bread** *(Brot)*, **evidence / proof** *(Beweis(e))*, **furniture** *(Möbel)*, **information** *(Information(en))*, **homework** *(Hausaufgaben)*, **knowledge** *(Kenntnis(se))*, **money** *(Geld(er))*, **news** *(Nachricht(en))*, **progress** *(Fortschritt(e))*, **research** *(Forschung / Recherche(n))*

Mit Hilfe einer Mengenangabe sind diese Substantive in der Regel wieder zählbar:

a piece of information	*eine Information*
some information	*einige Informationen*

Bedeutungsunterschied Singular / Plural

Manche Substantive haben im Singular (zählbar oder unzählbar) und Plural eine unterschiedliche Bedeutung:

experience (unzählbar)	*Erfahrung*
an experience	*ein Erlebnis*
experiences	*Erlebnisse*
hair (unzählbar)	*Kopfhaar / Haare*
a hair / hairs	*ein Haar / einzelne Haare*
paper (unzählbar)	*Papier* (als Material)
a paper	*ein Referat / eine Zeitung*
papers	*Papiere* (Dokumente) / *Zeitungen*
person	*Person / Mensch*
persons	*Personen* (formell)
people	*Personen / Menschen / Leute*
work (unzählbar)	*Arbeit*
a work / works	*ein Werk / Werke*

Nur Pluralformen

Einige Wörter kommen nur im Plural vor.

- <u>Kleidungsstücke:</u> **jeans** (*Jeans*), **pants** (BrE: *Unterhose;* AmE: *Hose*), **shorts** (*kurze Hose*), **tights** (BrE: *Strumpfhose*), **trousers** (*Hose*)

- <u>Geräte:</u> **binoculars** (*Fernglas*), **(sun)glasses** (*(Sonnen)brille*), **scissors** (*Schere*), **tweezers** (*Pinzette*)

a big man / **a large building** – *ein großer, schwerer Mann / ein großes Gebäude*

Beide können auch bestimmte zählbare abstrakte Substantive beschreiben:

a big / **large mistake** / **problem** / **order** *– ein großer Fehler / ein großes Problem / ein großer Auftrag*

Large ist etwas förmlicher als **big**. Das Gegenteil von **big** / **large** in den oben genannten Fällen ist in der Regel **small**. **Little** drückt dagegen eher eine Verniedlichung, Sympathie oder Mitleid aus:

a small child – *ein kleines Kind*
a little child – *ein (süßes) kleines Kind*

Great heißt *groß* in Verbindung mit (meist unzählbaren) abstrakten Substantiven:

great interest / **progress** – *großes Interesse / große(r) Fortschritt(e)*

Hier wäre **big** oder **large** falsch. Das Gegenteil von **great** in Verbindung mit abstrakten Substantiven wird mit **little** (im Sinne von *wenig*) ausgedrückt.

Achtung: Mit konkreten Substantiven heißt **great** dagegen *großartig*:

a great man / **book** / **idea** – *ein großartiger Mann / ein großartiges Buch / eine großartige Idee*

bored ≠ boring, interested ≠ interesting

Bored heißt *gelangweilt*, **boring** dagegen *langweilig*. Beachten Sie folgende Bedeutungsunterschiede:

I'm **bored**. – *Mir ist langweilig.*
I'm **boring**. – *Ich bin langweilig.*

Ein ähnlicher Unterschied besteht zwischen **interested** (*interessiert*) und **interesting** (*interessant*).

borrow ≠ lend

Borrow bezieht sich auf die Person, die etwas erhalten will:

Can I **borrow** your bike? – *Kann ich mir dein Fahrrad ausleihen?*

Lend bezieht sich auf die Person, die etwas gibt:

Can you **lend** me your bike?
– *Kannst du mir dein Fahrrad ausleihen?*

Folgende Strukturen sind möglich:

to **borrow** something from someone
– *sich etwas von jemandem ausleihen / borgen*

to **lend** something to someone / to **lend** someone something
– *jemandem etwas ausleihen / borgen*

bring ≠ take

Wird einer Person etwas entgegengebracht, heißt es **bring**:

Bring me the books. – *Bring mir die Bücher.*

Could you bring me the parcel, please? – *Könnten Sie mir bitte das Paket bringen?*

Take ist richtig, wenn es sich um eine Fortbewegung handelt oder um eine Bewegung zu einem Ort, an dem der Sprecher sich nicht befindet:

Will you take me to the station in the morning?
– Bringst du mich morgen früh zum Bahnhof?

Jane is out: she's taking her son to the doctor.
– Jane ist unterwegs: Sie bringt ihren Sohn zum Arzt.

can ≠ could ≠ be able to

Can bezieht sich auf gegenwärtiges Können und auf Angebote für die nahe Zukunft:

I can sing. *– Ich kann singen.*
I can come tomorrow. *– Ich kann morgen kommen.*

Could bezieht sich sowohl auf allgemeine Fähigkeiten in der Vergangenheit als auch auf eine konjunktivische Bedeutung:

I could sing well when I was a child.
– Ich konnte als Kind gut singen.

I could go tomorrow. *– Ich könnte morgen gehen.*

Ist die Rede von einer konkreten Leistung in der Vergangenheit, wird nicht **could**, sondern **be able to** verwendet:

I was able to mend my bike yesterday.
– Ich konnte mein Fahrrad gestern reparieren.

carry ≠ wear

Wear bezieht sich auf Kleidungsstücke, die man an(gezogen) hat:

She's wearing a blouse and jeans.
– Sie hat eine Bluse und eine Jeans an.

Für Taschen oder Kleidungsstücke, die in der Hand getragen werden verwendet man dagegen **carry**:

She's carrying a shoulder bag and her jacket.
– Sie trägt eine Schultertasche und hat ihre Jacke in der Hand.

fit ≠ match ≠ suit

Man benutzt **fit**, um anzuzeigen, dass etwas von der Größe her passt. Dagegen wird **match** verwendet, um auszudrücken, dass etwas (harmonisch) zusammenpasst. Wenn jemandem etwas (gut) steht, verwendet man **suit**.

These trousers fit me.
– Diese Hose passt mir [von der Größe her].

These trousers match my sweater.
– Diese Hose passt zu meinem Pulli [von der Farbe her].

These trousers suit me. *– Diese Hose steht mir.*

fun ≠ funny

Charlie is a fun person. *– Mit Charlie macht alles Spaß.*

Charlie is a funny person.
– Charlie ist ein lustiger / komischer Mensch.

Achtung: **funny** kann sowohl *lustig* als auch *seltsam, komisch* bedeuten!

hear ≠ listen, see ≠ watch

Hear / see beziehen sich auf eher zufälliges, ungeplantes Hören und Sehen, während **listen** und **watch** eine bewusste, meist gewollte Tätigkeit ausdrücken:

I **heard** a sudden noise. – *Ich hörte plötzlich ein Geräusch.*

I **saw** Richard in town. – *Ich sah (zufällig) Richard in der Stadt.*

I **listened** to the news / the music.
– *Ich hörte (mir) die Nachrichten / die Musik (an).*

I **watched** an exciting film.
– *Ich sah (mir) einen spannenden Film (an).*

Feste Ausdrücke: **to watch television** – *fernsehen*, **to listen to the radio** – *Radio hören*

high ≠ tall

Tall wird meistens in Verbindung mit Sachen verwendet, die deutlich höher als breit sind (also bevorzugt für Menschen, Gebäude, Bäume, Türme, Schornsteine etc.).
In anderen Fällen, z. B. bei Bergen oder Mauern, wird eher **high** verwendet. Dies gilt auch für die Dinge, für die man im Deutschen *hoch* verwendet.

John is very tall. – *John ist sehr groß.*

They climbed the highest mountain. – *Sie sind auf den höchsten Berg gestiegen.*

remind ≠ remember

Remember (something) heißt *sich (an etwas) erinnern*, **remind someone (of something)** dagegen *jemanden (an etwas) erinnern*:

I can't remember her name. – *Ich kann mich nicht an ihren Namen erinnern.*

Remind me to phone Jane. – *Erinnere mich daran, dass ich Jane anrufen muss.*

rise ≠ raise

Rise ist ein starkes (**rise – rose – risen**), intransitives Verb und bedeutet *aufgehen, steigen*:

The sun rose at 6 this morning. – *Heute ging die Sonne um 6 Uhr auf.*

Our profits have risen this year. – *In diesem Jahr ist unser Gewinn gestiegen.*

Raise dagegen ist schwach (**raise, raised, raised**), transitiv und wird mit *(an)heben, erhöhen* übersetzt:

My boss has raised my salary. – *Mein Chef hat mein Gehalt erhöht.*

Please raise your hand if you have a question. – *Bitte heben Sie die Hand, falls Sie eine Frage haben.*

say ≠ tell

Obwohl beide ähnliche Bedeutungen haben, ist **say** allgemeiner, während **tell** meist im Sinne von *informieren, erzählen* oder *befehlen* benutzt wird. Auch die möglichen Strukturen rund um beide Verben sind unterschiedlich.

Tell benötigt vor einem Nebensatz ein indirektes Objekt, **say** dagegen nicht:

She ~~told~~ said (that) she had a new job. – *Sie erzählte / sagte, dass sie einen neuen Job habe.*

She ~~said~~ told me about her new job. – *Sie erzählte mir von ihrem neuen Job.*

Im Sinne von *mitteilen* oder *befehlen* wird jedoch nur **tell** benutzt, dann häufig mit einer Infinitivkonstruktion.

They ~~said~~ told him to go home. – *Sie sagten ihm, er sollte nach Hause gehen.*

In der Regel braucht **tell** also sowohl ein direktes als auch ein indirektes Objekt.
Folgende feste Ausdrücke sind jedoch Ausnahmen:

tell a joke / a story – *einen Witz / eine Geschichte erzählen*

tell a lie / the truth – *lügen / die Wahrheit sagen*

Das Wort **ill** wird in der Regel nach dem Verb verwendet:
I was ill. – *Ich war krank.*
Vor einem Substantiv wird jedoch **sick** verwendet:
I looked after my sick mother. – *Ich kümmerte mich um meine kranke Mutter.*
Sick kann auch *erbrechen* bedeuten:
I was sick twice last night. – *Ich habe letzte Nacht zweimal erbrochen.*

 2   **GRAMMATIK**

1 Umkehrung bei Frageformen

Muss eine Frage mit einem Hilfsverb gebildet werden, wird dieses dem Subjekt vorangestellt (= Inversion):

~~Speak you English?~~ **Do you speak English?**
– *Sprechen Sie Englisch?*

~~What means that?~~ **What does that mean?**
– *Was bedeutet das?*

Bei Fragen, die mit einem Fragewort anfangen (**who, what, where** usw.) wird ein Hilfsverb nur dann verwendet und vor das Subjekt gestellt, wenn sich das Fragewort nicht auf das Subjekt bezieht:

Who saw you? – *Wer hat dich gesehen?*

Who(m) did you see? – *Wen hast du gesehen?*

2 *Do* als Hilfsverb

Do muss bei negativen Strukturen und Frageformen gebraucht werden, wenn sonst keine Form von **be** oder ein anderes Hilfsverb (**have, will**, etc.) vorhanden ist:

She doesn't like cheese. – *Sie mag keinen Käse.*

Do you close the door? – *Machst du die Tür zu?*

Für die Vergangenheit wird entsprechend **did / did not** verwendet. Das Hauptverb bleibt dabei jeweils in der Grundform:

Did you ~~went~~ go to town today? – *Bist du heute in die Stadt gegangen?*

In normalen, unverneinten Aussagesätzen wird keine Form von **do** benötigt, außer man möchte die verbale Aktion besonders betonen (z. B. als Protest gegen eine Behauptung).

Neutral:
I ~~did clean~~ cleaned my teeth. – *Ich habe mir die Zähne geputzt.*

Betont:
(But) I did clean my teeth! – *(Aber) ich habe mir doch die Zähne geputzt!*

3 Verben mit oder ohne *continuous*-Form

Bei Verben, die eine Tätigkeit ausdrücken, wählt man zwischen **simple**- und **continuous**-Form, je nachdem, ob man eine generelle oder momentane Tätigkeit beschreiben möchte:

simple-Form:
I wash the car on Tuesdays. – *Ich wasche das Auto jeden Dienstag. (= häufig / generell)*

continuous-Form:
I'm washing the car. – *Ich wasche das Auto. (= im Moment)*

Da **continuous**-Formen eher auf eine temporäre Tätigkeit weisen, dürfen sie nicht für immer während Fakten / Allgemeinheiten verwendet werden:

The Earth ~~is going~~ **goes around the sun.**
– Die Erde umkreist die Sonne.

Vegetarians ~~aren't eating~~ **don't eat meat.**
– Vegetarier essen kein Fleisch.

Zustandsverben dagegen haben in der Regel **keine Verlaufsform**, auch wenn die Rede von einem temporären Zustand ist. Die wichtigsten Zustandsverben unterteilt man in folgende Kategorien:

• <u>Glaube, Meinung und Verstand:</u> **believe** *(glauben)*, **know** *(wissen / kennen)*, **mean** *(bedeuten)*, **remember** *(sich erinnern)*, **think** *(meinen)*, **understand** *(verstehen)*, **want** *(wollen)*

• <u>Neigung / Abneigung:</u> **dislike** *(nicht mögen)*, **hate** *(hassen)*, **like** *(mögen)*, **love** *(lieben)*, **prefer** *(vorziehen)*

• <u>Kommunikation und Reaktionen:</u> **(dis)agree** *((nicht) zustimmen)*, **mean** *(meinen / bedeuten)*, **promise** *(versprechen)*

• <u>**Sinnliche Wahrnehmung:**</u> **appear** / **look** / **seem** *((er)scheinen / aussehen)*, **feel** *(sich anfühlen)*, **hear** *(hören)*, **see** *(sehen)*, **smell** *(riechen)*, **taste** *(schmecken)*, **sound** *(klingen / sich anhören)*

• <u>**Sonstiges:**</u> **be** *(sein)*, **belong** *(gehören)*, **exist** *(existieren)*, **have** / **own** / **possess** *(besitzen)*

4 *Present perfect* oder *past simple?*

Im Deutschen und Englischen bestehen wichtige Unterschiede im Gebrauch der beiden Vergangenheitsformen: Einfache Vergangenheit (**past simple**) und Perfekt (**present perfect**).

Bezug zur Gegenwart

Das Perfekt wird im Allgemeinen für Handlungen und Ereignisse verwendet, die einen Bezug zur Gegenwart haben bzw. gegenwärtige Ergebnisse haben:

Mary has washed the car. – *Mary hat das Auto gewaschen.*
(→ das Auto ist jetzt sauber)

Mary washed the car, but now it's dirty again.
– *Mary hat das Auto gewaschen, aber jetzt ist es wieder dreckig.*

Mit Zeitadverbien

Zeitangaben wie **yesterday** *(gestern)* oder **last week** *(letzte Woche)* haben keinen Bezug zur Gegenwart. Hier muss also das **past simple** verwendet werden:

I ~~have seen~~ **saw** Bob yesterday. – *Ich habe gestern Bob gesehen.*
He ~~has broken~~ **broke** his leg last week. – *Er hat sich letzte Woche das Bein gebrochen.*

Implizite Zeitangaben

Grundsätzlich müssen Sie immer prüfen, ob der Handlungszeitraum die Gegenwart mit einschließt. Die Handlungen von Verstorbenen etwa haben in diesem Sinne keinen Bezug zur Gegenwart:

Shakespeare ~~has written~~ **wrote** many dramas.
– *Shakespeare hat viele Dramen geschrieben.*

Auch im folgenden Beispiel ist der Zeitraum zu Ende, obwohl der Komponist noch lebt und weiter arbeitet:

Paul McCartney ~~has composed~~ **composed** many of the Beatles' songs. – *Paul McCartney hat viele der Beatles-Lieder komponiert.*

Folgende Fragen zielen auf unterschiedliche Informationen:

Have you **seen** that film? – *Hast du den Film [je] gesehen?*

Did you **see** that film? – *Hast du den Film gesehen [als er im Kino / Fernsehen lief]?*

5 Verben mit Infinitiv oder *ing*-Form?

Für Deutsche ist es oft nicht einfach zu entscheiden, ob ein Verb in der Grundform (Infinitiv) oder als **ing**-Form (Gerun-
~~...~~ verwendet werden muss.

We suggested going for a walk, but they **decided to drive into the mountains.** – *Wir haben vorgeschlagen, spazieren zu gehen, aber sie beschlossen, in die Berge zu fahren.*

Verb + Infinitiv

Auf folgende Verben folgt eine Infinitivform:

agree (*einwilligen*), **arrange** (*ausmachen*), **ask** (*bitten*), **choose** (*wählen*), **decide** (*sich entscheiden*), **expect** (*erwarten*), **help** (*helfen*), **hope** (*hoffen*), **learn** (*lernen*), **promise** (*versprechen*)

I hope <u>to see</u> you again soon. – *Ich hoffe, dich bald wiederzusehen.*

Verb + ing-Form

Auf folgende Verben folgt eine **ing**-Form:

avoid (*vermeiden*), **consider** (*überlegen*), **(dis)like** ((*nicht*) *mögen*), **enjoy** (*genießen*), **finish** (*abschließen*), **give up** (*aufgeben*), **mention** (*erwähnen*), **recommend** (*empfehlen*), **risk** (*riskieren*), **suggest** (*vorschlagen*)

She dislikes <u>writing</u> reports. – *Sie mag es nicht, Berichte zu schreiben.*

Verben mit beiden Formen

Bei einigen anderen Verben sind beide Formen möglich. Dann kommt es jedoch zu einem Bedeutungsunterschied:

remember

Remember to go shopping!
– Denk daran / Vergiss nicht, dass du einkaufen gehen musst!

I remember going shopping.
– Ich erinnere mich daran, dass ich einkaufen war.

remember + Infinitiv = rechtzeitig an eine Verpflichtung denken
remember + *ing*-Form = Erinnerung an eine vergangene
Handlung

mean

John meant to go swimming. *– John hatte vor, schwimmen zu gehen.*

A beach holiday means going swimming every day.
– Ein Strandurlaub bedeutet, jeden Tag schwimmen zu gehen.

mean + Infinitiv = vorhaben, beabsichtigen
mean + *ing*-Form = bedeuten, heißen

stop

We stopped to buy milk.
– Wir haben angehalten, um Milch zu kaufen.

We stopped buying milk.
– Wir haben aufgehört, Milch zu kaufen.

stop + Infinitiv = eine Tätigkeit abbrechen, um etwas
anderes zu tun

stop + *ing*-Form = eine Tätigkeit abbrechen

try

Ann tried to bake a cake.
– Ann hat versucht, einen Kuchen zu backen.

Ann tried baking a new kind of cake.
– Ann hat ausprobiert, eine neue Art Kuchen zu backen.

try + Infinitiv = etwas versuchen, sich anstrengen
try + *ing*-Form = experimentieren, etwas ausprobieren

6 Leicht verwechselbare Grundformen

Infinitiv	past simple	past participle	Bedeutung
find ≠ found			
find	**found**	**found**	*finden*
found	**founded**	**founded**	*gründen*
lie ≠ lie ≠ lay			
lie	**lay**	**lain**	*liegen*
lie	**lied**	**lied**	*lügen*
lay	**laid**	**laid**	*legen*
raise ≠ rise			
raise	**raised**	**raised**	*(er)heben*
rise	**rose**	**risen**	*aufgehen*
see ≠ saw			
see	**saw**	**seen**	*sehen*
saw	**sawed**	**sawed**	*sägen*

strike ≠ stroke

strike	struck	struck	*schlagen*
stroke	stroked	stroked	*streicheln*

7 Mengenwörter

Die Grundformen **much** und **many** werden oft durch **a lot of** ersetzt, besonders in der Alltagssprache.

Much klingt unnatürlich in (positiven) Aussagesätzen:
I have ~~much~~ a lot of time. – *Ich habe viel Zeit.*
I don't have much / a lot of time. – *Ich habe nicht viel Zeit.*
I know many / a lot of people. – *Ich kenne viele Leute.*

some und any

Die Bedeutung von **some** und **any** ist ähnlich (*etwas / ein biss-chen* bei nicht zählbaren Wörtern, *einige / ein paar* bei Plural-formen). In bejahten Aussagesätzen muss man jedoch **some** benutzen. Dies gilt auch dann, wenn man um etwas bittet oder etwas anbietet. Im Deutschen werden **some** und **any** oft nicht übersetzt.

I have ~~any~~ some money. – *Ich habe etwas Geld.*

Could I have ~~any~~ some potatoes?
– Könnte ich (einige / ein paar) Kartoffeln haben?

Would you like ~~any~~ some tea? – *Möchten Sie etwas Tee?*

Bei anderen Fragen ist dagegen ausschließlich **any** richtig:

Do you have ~~some~~ any questions? – *Haben Sie Fragen?*

Auch verneinte Sätze müssen mit **any** gebildet werden.
Die Kombination **not + any** ergibt die Bedeutung von *kein(e)*.

I don't have ~~some~~ **any time.** – *Ich habe keine Zeit.*

She hasn't read ~~some~~ **any books.** – *Sie hat keine Bücher gelesen.*

8 Problematische Präpositionen

Bei der Verwendung von Präpositionen ist allgemein Vorsicht
geboten: Trotz Ähnlichkeiten zwischen dem Deutschen und
dem Englischen lauern hier viele Fallen. Für manche deutsche
Präposition gibt es im Englischen zwei verschiedene Überset-
zungen, die jedoch nicht austauschbar sind.

for ≠ since

Beide Präpositionen übersetzen das deutsche *seit*. Allerdings
wird **for** für eine Zeitspanne, **since** dagegen für einen konkre-
ten Zeitpunkt verwendet:

for six years – *seit sechs Jahren*
since 1999 – *seit 1999*

Bitte beachten Sie hier auch den unterschiedlichen Gebrauch
der Zeitformen im Englischen und Deutschen:

I ~~know~~ **have known him for five years.** – *Ich kenne ihn seit fünf Jahren.*

I ~~live~~ **have lived here since 1987.** – *Ich wohne hier seit 1987.*

by ≠ until

Beide Präpositionen übersetzen das deutsche *bis*. **By** wird in Verbindung mit Fristen und Zeitpunkten verwendet, **until** mit Tätigkeiten, die sich über eine Zeitperiode erstrecken:

I must finish my work by January 13. – *Ich muss meine Arbeit bis zum 13. Januar fertig haben.*

I will be busy with my work until January 13. – *Ich werde bis zum 13. Januar mit meiner Arbeit beschäftigt sein.*

→← 3   **RECHTSCHREIBUNG UND ZEICHENSETZUNG**

1 Leicht verwechselbare Wörter

Einige Wörter ähneln sich in der Aussprache, schreiben sich aber anders.

affect ≠ effect

affect = *wirken auf; betreffen*   **effect** = *bewirken; Effekt*

brake ≠ break

brake = *Bremse; bremsen*   **break** = *Pause; Bruch; brechen*

desert ≠ dessert

desert = *Wüste; verlassen*   **dessert** = *Nachtisch, Dessert*

its ≠ it's

its = *sein* (besitzanzeigendes Fürwort, sachlich)
it's = it is = *es ist*

their ≠ there ≠ they're

their = *ihr* (besitzanzeigendes Fürwort, 3. Person Plural)
there = *da*
they're (= they are) = *sie sind*

who's ≠ whose

who's = who is = *wer ist; der / die ist*
whose = *wessen / dessen / derer* usw. (Fragewort bzw. besitz-anzeigendes Relativpronomen)

2 Großer Anfangsbuchstabe

- **Personen-, Orts-, Firmen- und Gebäudenamen: John Smith, New York, Green Street, Mars, Royal Bank, the White House** (*das Weiße Haus*)

- **Gottesbezeichnung: God** (*Gott*)

- **Wochentage, Monate, Feier- und Festtage: Thursday** (*Donnerstag*), **December** (*Dezember*), **Christmas Day** (*1. Weihnachtsfeiertag*), **Easter** (*Ostern*)

- **Substantive und Adjektive der Sprache, Nationalität, Region, Religion:**
  I speak French. – *Ich spreche Französisch.*
  He's Irish. – *Er ist Ire.*

Bavarian food – *bayrisches Essen*
a **M**uslim festival – *ein muslimisches Fest*

• <u>Persönliche Titel:</u> **Dr Wood, President Obama, Prince Charles, Mr David Mitchell, Ms Jane Witt, the Queen, the Pope** *(der Papst)*

• <u>Das erste Wort, sowie Substantive, Verben, Adjektive und Adverbien in Titeln von Büchern, Filmen, Gemälden, Fernsehsendungen o. Ä.</u>
The **N**ame of the **R**ose *(Der Name der Rose)*
The **B**irth of **V**enus *(Die Geburt der Venus)*

• <u>Das Pronomen **I**</u> (nicht aber Formen wie **me, my, mine**)

3 Änderungen bei Wortendungen

Pluralformen

Wörter auf **Konsonant + -y** → **-ies**:

baby *(Baby)* → ~~babys~~ **babies** *(Babys)*
lady *(Dame)* → ~~ladys~~ **ladies** *(Ladys)*

Wörter auf -ife → **-ives**:

knife *(Messer)* → **knives**
life *(Leben)* → **lives**

Verbformen

Verben auf **Konsonant + -y** bilden die 3. Person Präsens und die Vergangenheitsform mit **-ies** bzw. **-ied**:

marry *(heiraten)* → **marries, married**
rely *(sich verlassen)* → **relies, relied**

Verben auf **Konsonant + -e** verlieren in Kombination mit **-ing** das **-e**:

make *(machen)* → **making**
care *(sich sorgen)* → **caring**

···· **!**

Das Verb **be** behält das **-e** und wird zu **being**.

Beachten Sie auch folgende Vergangenheitsformen:

lay *(liegen)* → ~~layed~~ **laid**
pay *(bezahlen)* → ~~payed~~ **paid**
say *(sagen)* → ~~sayed~~ **said**

Adverbien

Adjektive auf **-able**, **-ible** oder **-uble** verlieren bei der Bildung des Adverbs mit **-ly** das **-e**:

probable *(wahrscheinlich)* → **probably**
possible *(möglich)* → **possibly**

Verdopplung eines Schlusskonsonants

Endet ein einsilbiges Wort auf **kurzem Vokal + Konsonant**, wird der Konsonant beim Anhängen verschiedener Endungen verdoppelt:

hop *(hüpfen)* → **hopping**
fit *(fit)* → **fittest**
clap *(klatschen)* → **clapped**

4 Kommata und Punkte bei Zahlen

Achtung: Im Englischen ist die Verwendung der Zeichen bei Zahlen genau umgekehrt wie im Deutschen:

1,000,000 (oder 1 000 000) = *1.000.000 (eine Million)*

1.802 = *1,802 (eins komma acht null zwei)*

5 Kommata bei Relativsätzen

Die Zeichensetzung von Relativsätzen ist wichtig, da sie bedeutungsunterscheidend ist.

The cars which were red were sold.
– Diejenigen Autos, die rot waren, wurden verkauft.

The cars, which were red, were sold.
– Die Autos, die (übrigens alle) rot waren, wurden verkauft.

Im ersten Satz handelt es sich um einen bestimmenden Relativsatz , der uns eine wichtige Information darüber liefert, welche Autos gemeint sind. Im zweiten Satz ist der Relativsatz dagegen nicht bestimmend, er liefert nur eine zusätzliche Information, schränkt die Bedeutung von **the cars** aber nicht ein.

Folgende Regel ist zu beachten:
Bestimmende Relativsätze haben keine Kommata. In **nicht be-stimmenden Relativsätzen** dagegen müssen Kommata stehen.

6 Kommata bei Nebensätzen

Bildet ein Nebensatz das Objekt, Subjekt oder Komplement eines anderen Satzes, werden die beiden Sätze im Gegensatz zum Deutschen **nicht** durch ein Komma getrennt.

Jane says (that) she has a cold. – *Jane sagt, dass sie erkältet ist.*

Tom asked if he could go home. – *Tom fragte, ob er nach Hause gehen dürfe.*

What you need is a cup of tea. – *Das, was du brauchst, ist eine Tasse Tee.*

You are what you eat. – *Du bist, was du isst.*

 4 **STIL**

1 Anreden

Mrs, Miss oder **Ms?**

Die drei Frauenanreden **Mrs, Miss** und **Ms** (im amerikanischen Englisch folgt auf jede ein Punkt) sind nicht austauschbar Anhand der Tabelle können Sie sehen, wann welche Form richtig ist.

Mrs	Nur für **verheiratete Frauen** (bzw. Witwen, Geschiedene), die den Nachnamen des Mannes verwenden.	Aussprache: [ˈmɪsɪz]
Miss	Nur für **nicht verheiratete Frauen**; allerdings möchten viele Frauen nicht so „etikettiert" werden.	Aussprache: [mɪz]
Ms	Die beste Lösung, wenn Sie nicht sicher sind, welche Form richtig (bzw. erwünscht) wäre. Viele Frauen bevorzugen diese Form, da sie **nichts über den Familienstand** aussagt.	Aussprache: [məz]

2 Briefwechsel

Anreden

Briefe auf Englisch fangen fast immer mit dem Wort **Dear** (*Liebe(r)*) an, auch wenn man den Empfänger nicht kennt. Auf die Anrede folgt normalerweise ein Komma (kein Ausrufezeichen).

Ist der Name des Empfängers bekannt, steht er direkt nach **Dear**:

Dear Mr Jones,   **Dear Jeremy,**

Persönliche Titel werden nicht gehäuft. Stattdessen wird nur die höchste Auszeichnung genannt, ohne zusätzliche Erwähnung des Geschlechts:

Herr Dr. Braun → **Dr Braun** (BrE), **Dr. Braun** (AmE)
Professor Dr. Schmidt → **Professor Schmidt**

Ist der Name des Empfängers nicht bekannt, gibt es folgende
Möglichkeiten:

Dear Sir,	männlich
Dear Madam,	weiblich
Dear Sir or Madam,	für beide Geschlechter

···· **i**

Die Zeile nach der Anrede beginnt immer mit einem **Groß-
buchstaben.**

Schlussformeln

Es gibt verschiedene Schlussformeln. Nach der Schlussformel
steht immer ein Komma gefolgt vom eigenen Namen in der
Zeile darunter.

Förmliche Geschäftsbriefe

Die üblichste Schlussformel bei Geschäftsbriefen ist **Yours
sincerely** (im amerikanischen Englisch auch **Sincerely
(yours)**).
In Großbritannien folgt auf **Dear Sir** / **Dear Madam** die Formel
Yours faithfully.

Briefe an Bekannte, Freunde und Verwandte

Wenn man sich ein bisschen besser kennt, egal ob privat oder
geschäftlich, benutzt man weniger formelle Wendungen wie
z. B. **Kindest regards** (*mit freundlichen Grüßen*) oder **Best
wishes** (*schöne Grüße*).

Für Briefe an enge Freunde oder Verwandte gibt es eine Reihe weiterer Möglichkeiten. Die häufigsten sind unter anderem **With love** (*liebe Grüße*) und **Take care** (*mach(t)'s gut*).

Glückwünsche und Grußformeln

Congratulations ~~to~~ **on ...**	*Gratulation zu ...*
Get well soon!	*Gute Besserung!*
Good luck in / for ...	*Viel Glück bei ...*
Well done!	*Gut gemacht!*
Welcome ~~at~~ **home!**	*Willkommen zu Hause!*
Welcome ~~in~~ **to Germany!**	*Willkommen in Deutschland!*

3 Höflichkeit

Please und *Thank you*

Please sagt man generell, wenn man um etwas bittet:

Please close the door. – *Bitte schließen Sie die Tür.*
I'd like the menu, please. – *Ich hätte gern die Speisekarte.*

Please heißt nicht *bitte schön*. Wenn man jemandem etwas gibt, kann man z. B. **here you are** oder (weniger förmlich) **there you go** sagen.

Im Sinne von *nichts zu danken* oder *gern geschehen* kann man beispielsweise **you're (very) welcome** verwenden.

Mit **thank you** drückt man Dankbarkeit aus. Man kann auch **~~nks~~** (weniger förmlich) oder **thank you very much** (*vielen ~~sagen.~~*

Um ein Angebot abzulehnen, sagt man am besten **no thank you. Thank you** alleine könnte als Annahme interpretiert werden.

Bitten und Anbieten

Can I ...? / You can ...	*Kann ich ...? / Sie können ...* *(freundlich, nicht förmlich)*
Could I ...? / You could ...	*Könnte ich ...? / Sie könnten ...* *(etwas förmlicher)*
May I ...? / You may ...	*Darf / Dürfte ich ...? / Sie dürfen ... (förmlich)*
Do you mind if ...? / I don't mind if ...	*Macht es Ihnen etwas aus, wenn ...? / Es stört mich nicht, wenn ...*
Do you like ...? / I like ...	*Mögen Sie ...? / Ich mag ...*
Would you like ...? / I would like ...	*Möchten Sie ...? / Ich möchte ...*
Would you prefer ...? / I would prefer ...	*Möchten Sie lieber ...? / Ich möchte lieber ...*

Sorry und *Excuse me*

Sorry sagt man, wenn man um Verzeihung für etwas Geschehenes bittet, etwas bedauert (= *Es tut mir leid*) oder (im britischen Englisch) etwas nicht richtig verstanden hat (= *Wie bitte?*).

Excuse me sagt man, wenn man z. B. einen Fremden anspricht, um nach etwas zu fragen (= *Entschuldigen Sie*), wenn man an jemandem vorbei möchte (= *Könnte ich bitte vorbei?*) oder (im amerikanischen Englisch) etwas nicht richtig verstanden hat (= *Wie bitte?*).

I don't mind oder *I don't care*?

Diese zwei Ausdrücke darf man keinesfalls verwechseln. **I don't mind** heißt *mich stört es nicht* oder *ich habe keine Präferenz*, während **I don't care** so viel wie *mir ist es egal* bedeutet.

 5   **AMERIKANISCHES ENGLISCH IM VERGLEICH**

1 Unterschiede im Wortschatz

AmE	*Deutsch*	BrE
baggage	*Gepäck*	**luggage**
basement	*Keller*	**cellar**
busy	*besetzt* (Telefon)	**engaged**
can	*Dose*	**tin** (Essen), **can** (Getränk)
cellphone	*Handy*	**mobile phone**
check	*Rechnung* (im Restaurant)	**bill**
elevator	*Aufzug*	**lift**
soccer	*Fußball*	**football**

In den USA ist Fußball (**soccer**) wenig populär, stattdessen wird **American football** gespielt. **Baseball** und **basketball** sind ebenfalls sehr beliebt. In England gelten **cricket** und **football** als inoffizielle Nationalsportarten, aber auch **rugby** ist weit verbreitet.

eraser	*Radiergummi*	**rubber**
fall	*Herbst*	**autumn**
faucet	*Wasserhahn*	**tap**
first floor	*Erdgeschoss*	**ground floor**
French fries	*Pommes*	**chips**
garbage can	*Mülleimer*	**dustbin**
gas	*Benzin*	**petrol**
movie theater	*Kino*	**cinema**
pants	*Hose*	**trousers**
restroom	*öffentliche Toilette*	**public toilets**
sidewalk	*Bürgersteig*	**pavement**
subway	*U-Bahn*	**underground**
truck	*Lastwagen*	**lorry**

2 Rechtschreibung

Unterschiede in der Rechtschreibung zwischen amerikanischem und britischem Englisch kommen relativ häufig vor. Die wichtigsten Unterschiede und Beispiele werden hier aufgelistet.

Bestimmte Wörter mit -or (AmE) bzw. -our (BrE)

AmE: **behavi or** (Verhalten), **col or** (Farbe), **favor ite** (Lieb-lings-), **hum or** (Humor), **lab or** (Arbeit)
BrE: **behavi our**, **col our**, **favour ite**, **hum our**, **lab our**

Bestimmte Wörter auf -er (AmE) bzw. -re (BrE)

AmE: **cent er** (Zentrum), **lit er** (Liter), **maneuv er** (Manöver), **met er** (Meter), **theat er** (Theater)
BrE: **cent re**, **lit re**, **manoeuv re**, **met re**, **theat re**

Bestimmte Wörter auf -nse (AmE) bzw. -nce (BrE)

AmE: **defe nse** (Verteidigung), **lice nse** (Lizenz, (Führer)schein), **offe nse** (Straftat, Beleidigung), **prete nse** (Vortäuschung, Vor-wand)
BrE: **defe nce**, **lice nce**, **offe nce**, **prete nce**

Weitere Unterschiede:

AmE	Deutsch	BrE
alumin um	Aluminium	**alumin ium**
analy ze	analysieren	**analy se**
catalo g	Katalog	**catalo gue**
check	Scheck	**che que**
jewel ry	Schmuck	**jewel lery**
practic e	üben	**practi se**
program	Programm, Sendung	**progra mme**

3 Datums- und Zeitangaben, Zahlen

Bei der numerischen Angabe eines Datums verwenden Amerikaner die Reihenfolge Monat – Tag – Jahr. Daher lautet der 24. Dezember 2010 nicht wie im britischen Englisch **24/12/2010**, sondern **12/24/2010**.

Die 24-Stunden-Zählung wird meistens nur vom Militär verwendet. Daher ist es ratsam, diese zu vermeiden und stattdessen die 12-Stunden-Zählung mit a.m. (morgens) und p.m. (nachmittags / abends) zu verwenden.

Auch beim Aussprechen von Zahlen bestehen kleine Unterschiede.

Zahl	AmE	BrE
233	**Two hundred thirty-three**	**Two hundred and thirty-three**
2400	**Twenty-four hundred** (oder **two thousand four hundred**)	**Two thousand four hundred**

Eine Null bei einer Telefonnummer wird in den USA meistens als **zero** gesprochen, während viele Briten sie wie den Buchstaben **o**, also [əʊ], aussprechen.

4 Ausprache

Aussprache des „r"

Im amerikanischen Englisch wird jedes geschriebene „**r**" ausgesprochen, während im Britischen ein „**r**" nur direkt vor einem Vokallaut ausgesprochen wird, nicht aber vor einem Konsonanten oder am Wortende vor einer Pause.

	AmE	**BrE**
very (sehr)	[ˈveri]	[ˈveri]
father (Vater)	[ˈfɑːðər]	[ˈfɑːðeʳ]
turn (wenden)	[tɜːrn]	[tɜːn]

AmE [uː] ≠ BrE [juː]

	AmE	**BrE**
new (neu)	[nuː]	[njuː]
stupid (dumm)	[ˈstuːpɪd]	[ˈstjuːpɪd]
tune (Melodie)	[tuːn]	[tjuːn]

AmE [æ] ≠ BrE [ɑː]

Für viele Wörter, die ein „a" vor [f], [v], [s] oder [z] enthalten, wird im amerikanischen Englisch ein kurzes [æ] statt ein längeres, dunkleres [ɑː] gesprochen:

	AmE	**BrE**
bath (Bad)	[bæθ]	[bɑːθ]
last (letzte(-r,-s))	[læst]	[lɑːst]
after (nach)	[ˈæftər]	[ˈɑːfteʳ]

ⒶⒷⒸ 1 SICH VORSTELLEN

hello! interj	*hallo!, guten Tag!*
call v	*nennen; rufen*
• **be called**	*heißen*
name n	*Name*
• **first / last name**	*Vor-/Nachname*
• **my name is …**	*ich heiße …*
write, wrote, written v	*schreiben*
• **write sth down**	*etw aufschreiben*
• **write down one's address**	*seine Adresse aufschreiben*
spell, spelt, spelt / spelled, spelled (AmE) v	*buchstabieren*
live (in / with) v	*leben, wohnen (in / mit)*
number n	*Zahl, Nummer*
• **(tele)phone number**	*Telefonnummer*
address n	*Adresse, Anschrift*

• **email address**	*E-Mail-Adresse*
Mr n	*Herr* (Anrede)
Mrs n	*Frau* (Anrede)
Miss n	*Fräulein*
Ms n	*Frau* (neutrale Anrede)
birthday n	*Geburtstag*
be, was / were, been v	*sein*
age n	*Alter*
• **at the age of**	*im Alter von*
young, younger, youngest adj	*jung, jünger, am jüngsten*
old, older, oldest adj	*alt, älter, am ältesten*
• **be ... years old**	*... Jahre alt sein*
elder, eldest (sister / son)	*ältere(r), älteste(r) (Schwester / Sohn)*
child, pl: **children** n	*Kind, Kinder*
adult n; adj	*Erwachsene(r); erwachsen*
spend, spent, spent v	*verbringen*
• **spend one's holidays**	*seine Ferien verbringen*
hobby n	*Hobby*
• **my hobbies are ...**	*meine Hobbys sind ...*
come (**from**), came, come v	*kommen (aus)*
from prep	*aus, von*
country n	*Land*
nationality n	*Nationalität*
occupation n	*Tätigkeit, Beruf*
born adj	*geboren*

• **be born**	*geboren werden*
personal adj	*persönlich*
• **personal details**	*persönliche Angaben*
fill in, **fill out** v	*ausfüllen*
• **fill in a form**	*ein Formular ausfüllen*
sign v	*unterschreiben*
• **please sign here**	*bitte hier unterschreiben*
home town n	*Heimatstadt*
language n	*Sprache*
• **first / second language**	*Erst-, Muttersprache / Zweitsprache*
foreign adj	*fremd, Fremd-; ausländisch*
• **foreign language**	*Fremdsprache*

Nützliche Wendungen

My name is John Miller.	*Ich heiße John Miller.*
Nice to meet you.	*Schön, dich / euch / Sie kennenzulernen.*
How are you?	*Wie geht es dir / Ihnen?*
Fine, thanks. And you?	*Danke gut. Und dir / Ihnen?*
Where are you from?	*Woher kommen Sie / kommst du?*
I'm from … .	*Ich komme aus … .*
What do you do?	*Was machen Sie / machst du beruflich?*
Do you speak …?	*Sprechen Sie …?*
No, I'm afraid I don't. /	*Nein, tut mir leid. /*
Yes, I do.	*Ja.*

ABC **2** **DER MENSCH**

1 Aussehen

girl n	*Mädchen*
woman, pl: **women** n	*Frau, Frauen*
boy n	*Junge*
man, pl: men n	*Mann, Männer*
person n	*Person, Mensch*
pretty adj	*hübsch*
have / **have got** (BrE), had, had v	*haben, besitzen*
lovely adj	*hübsch, nett*
dark adj	*dunkel*
• **dark hair**	*dunkles Haar*
fair adj	*blond, hell*
hair n sg + pl	*Haar, Haare*
haircut n	*Haarschnitt, Frisur*
beard n	*Bart*
look v	*aussehen*
• **look like**	*aussehen wie, ähneln*
(the) same adj	*der / die / das Gleiche*
• **just the same**	*genau gleich*
change v	*(sich) ändern, wechseln*
• **change one's image / style / appearance**	*sein Image / seinen Stil / sein Aussehen verändern*

beautiful adj	*schön*
fantastic adj	*fantastisch, toll*
tall adj	*groß*
thin adj	*dünn*
fat adj	*dick, fett*
big adj	*groß*
little adj	*klein*
• **a little girl**	*ein kleines Mädchen*
short adj	*kurz; klein*
• **short hair**	*kurzes Haar*
• **a short woman**	*eine kleine Frau*
similar adj	*ähnlich*
ugly adj	*hässlich*
style n	*Stil*
hairstyle n	*Frisur*

2 Charaktereigenschaften und Gefühle

character n	*Person; Charakter*
self-assured adj	*selbstbewusst*
clever adj	*intelligent, klug*
silly adj	*dumm, albern*
happy adj	*fröhlich; glücklich*
funny adj	*lustig, ulkig, komisch*
kind adj	*nett, freundlich*
polite adj	*höflich*

nice adj	*nett, schön*
friendly adj	*freundlich*
• **behave in a very friendly / unfriendly way**	*sich sehr freundlich / unfreundlich benehmen*
sweet adj	*süß, niedlich*
quiet adj	*ruhig, still*
• **a quiet person**	*ein stiller Mensch*
careful adj	*vorsichtig*
grumpy adj	*mürrisch*
act v	*sich verhalten*
• **act as if one was surprised**	*so tun, als ob man überrascht wäre*
normal adj	*normal*
typical (of) adj	*typisch (für)*
brave adj	*tapfer*
serious adj	*ernst*
• **be serious about sth**	*es ernst mit etw meinen*
passive adj	*passiv*
aggressive adj	*aggressiv*
violent adj	*gewalttätig; heftig, stark*
• **have a violent temper**	*jähzornig sein*
fascinating adj	*faszinierend*
personality n	*Persönlichkeit*
crazy adj	*verrückt*
• **go crazy**	*verrückt werden*

weird adj	*seltsam, unheimlich*
reason n	*Grund; Vernunft*
reasonable adj	*vernünftig*
attitude n	*Einstellung*
• **attitude towards**	*Einstellung zu*
lazy adj	*faul*
show off sth v	*mit etw angeben*
bright adj	*klug; hell, leuchtend*
stupid adj	*dumm, doof*
fool n	*Dummkopf*
greed n	*Gier, Habgier*
impolite adj	*unhöflich*
rude adj	*unhöflich, grob*
angry adj	*böse, verärgert*
excited adj	*aufgeregt*
surprised adj	*überrascht*
feel, felt, felt v	*fühlen, sich fühlen*
• **feel bad / good**	*sich schlecht / wohl fühlen*
boring adj	*langweilig*
exciting adj	*aufregend, spannend*
strange adj	*seltsam, merkwürdig*
• **feel strange**	*sich seltsam fühlen*
wonderful adj	*wunderbar*
good adj	*gut*
• **be good**	*brav sein*

have fun v	*Spaß haben*
• **sb is fun**	*jd ist lustig, es macht Spaß mit jdm*
glad adj	*froh*
• **I'm glad to see you.**	*Ich bin froh, dich zu sehen.*
happy adj	*glücklich, zufrieden*
• **feel happy about sth**	*über etw erfreut sein*
hope v	*hoffen*
laugh v; n	*lachen; Lachen*
• **laugh at sb / sth**	*sich über jdn / etw lustig machen*
like v	*mögen, gern haben*
enjoy v	*genießen, gern tun*
• **enjoy swimming / reading**	*gern schwimmen / lesen*
love n; v	*Liebe; lieben*
• **be in love**	*verliebt sein*
proud (of) adj	*stolz (auf)*
praise v; n	*loben; Lob*
want v	*wollen*
not adv	*nicht*
sad adj	*traurig*
• **feel sad**	*traurig sein*
down adj	*schlecht, deprimiert*
• **feel / be down and out**	*total erledigt sein*
terrible adj	*schrecklich, furchtbar*

worry, worried, worried v   *sich Sorgen machen*

• **be worried about (sb / sth)**   *sich (um jdn / über etw) Sorgen machen*

• **Don't worry!**   *Mach dir / Machen Sie sich keine Sorgen!*

scared adj   *verängstigt*

• **be scared of**   *Angst haben vor*

frightening adj   *furchterregend*

leave, left, left v   *(ver)lassen, weggehen*

• **Leave me alone!**   *Lass mich in Ruhe!*

bother v   *stören*

mind v   *ausmachen*

• **He won't mind.**   *Es wird ihm nichts ausmachen.*

• **Do you mind if ...?**   *Stört es dich / Sie, wenn ...?*

stand, stood, stood v   *ausstehen, ertragen*

• **I can't stand (sb / sth)!**   *Ich kann (jdn / etw) nicht ausstehen!*

miserable adj   *unglücklich, elend*

• **feel miserable**   *sich elend fühlen*

nasty adj   *scheußlich*

nervous (about) adj   *nervös (wegen)*

popular adj   *beliebt*

annoyed adj   *verärgert*

• **be annoyed at sb**   *über jdn verärgert sein*

pleased (with) adj   *zufrieden (mit)*

tired adj   *müde*

• **be / get (sick and) tired of sb / sth**	*genug von jdm / etw haben*
become, became, become v	*werden*
• **become angry**	*wütend werden*
cry, cried, cried v	*weinen; schreien*
disappointed adj	*enttäuscht*
feeling n	*Gefühl*
• **hurt sb's feelings**	*jds Gefühle verletzen*
emotion n	*Gefühl, Emotion*
hate v; n	*hassen; Hass*
jealous (of) adj	*eifersüchtig (auf)*
lonely adj	*einsam*
• **feel lonely**	*sich einsam fühlen*
miss v	*vermissen*
satisfied (with) adj	*zufrieden (mit)*
shut up! interj inf	*halt(et) den Mund!*
blame (for) v	*die Schuld geben (an)*
boredom n	*Langeweile*
confused adj	*durcheinander*
• **Don't get me confused!**	*Bring mich nicht durcheinander!*
be fond of v	*(sehr) gern haben*
enjoyable adj	*nett; unterhaltsam*
fear n	*Angst, Furcht*
frightened adj	*verängstigt, erschrocken*
peaceful adj	*friedlich*

scary adj	*unheimlich*
• **pretty scary!** inf	*ziemlich unheimlich!*

3 Familie

family, pl: **families** n	*Familie, Familien*
parents, folks (AmE) n pl	*Eltern*
mother n	*Mutter*
mum (BrE)**, mom** (AmE) n	*Mama, Mutti*
father n	*Vater*
dad, daddy n inf	*Vati, Papi*
baby, pl: **babies** n	*Baby, Babys*
girl n	*Mädchen*
boy n	*Junge*
sister n	*Schwester*
brother n	*Bruder*
• **brothers and sisters**	*Geschwister*
look after sb v	*aufpassen auf jdn*
daughter n .	*Tochter*
son n	*Sohn*
grandma, granny n inf	*Oma*
grandpa, gran(d)dad n inf	*Opa*
family member n	*Familienmitglied*
aunt n	*Tante*
cousin n	*Cousin(e)*
uncle n	*Onkel*

wife, pl: **wives** n	*Ehefrau, Ehefrauen*
wedding n	*Hochzeit*
• **wedding ring** n	*Ehering*
engaged (to) adj	*verlobt (mit)*
• **be engaged to sb**	*mit jdm verlobt sein*
marriage n	*Ehe*
• **have a happy marriage**	*glücklich verheiratet sein*
husband n	*Ehemann*
darling, honey (AmE) n	*Liebling, Schatz*
grandparents n pl	*Großeltern*
grandchild, pl: **grandchildren** n	*Enkel(kind), Enkel(kinder)*
granddaughter n	*Enkelin*
grandson n	*Enkel*
teen(ager) n	*Jugendliche(r)*
kid, pl: **kids** n	*Kind, Kinder*
belong (to) v	*gehören (zu)*
related (to) adj	*verwandt (mit)*
ancestor n	*Vorfahr(in)*
relative n	*Verwandte(r)*
• **be a relative of sb**	*mit jdm verwandt sein*

4 Der Körper

body n	*Körper*
strong adj	*stark*
leg n	*Bein*

foot, pl: **feet** n	*Fuß, Füße*
knee n	*Knie*
toe n	*Zehe, Zeh*
arm n	*Arm*
hand n	*Hand*
palm n	*Handfläche*
shoulder n	*Schulter*
finger n	*Finger*
knuckle n	*Fingerknöchel*
head n	*Kopf*
throat n	*Hals, Rachen*
• **clear one's throat**	*sich räuspern*
face n	*Gesicht*
smile v; n	*lächeln; Lächeln*
ear n	*Ohr*
earache n	*Ohrenschmerzen*
hear, heard, heard v	*hören*
see, saw, seen v	*sehen*
eye n	*Auge*
mouth n	*Mund*
taste v; n	*schmecken; Geschmack*
nose n	*Nase*
skin n	*Haut*
• **sensitive skin**	*empfindliche Haut*
scratch v	*kratzen*

heart n	*Herz*
human n; adj	*Mensch; menschlich*
man n	*der Mensch*
natural adj	*natürlich, angeboren*
bone n	*Knochen*
skeleton n	*Skelett*
blood n	*Blut*
brain n	*Gehirn*
tongue n	*Zunge; Sprache*
tooth, pl: **teeth** n	*Zahn, Zähne*

ABC 3 UNTERRICHT UND SCHULE

go, went, gone v	*gehen, fahren*
school n	*Schule*
• **go to school, be at / in school** (AmE)	*zur Schule gehen*
headteacher, principal (AmE) n	*Schuldirektor(in)*
teacher n	*Lehrer(in)*
lesson n	*Unterrichtsstunde*
pupil n	*Schüler(in)*
class n	*Klasse; Unterricht(sstunde)*
• **take a class / classes in sth**	*Unterricht in etw nehmen*
desk n	*Schreibtisch, Pult*
alphabet n	*Alphabet*

letter n	*Buchstabe*
pen n	*Füller*
ink n	*Tinte*
pencil n	*Bleistift*
ruler n	*Lineal*
rubber (BrE), **eraser** (AmE) n	*Radiergummi*
biro® n	*Kugelschreiber, Kuli*
(a piece of) paper n	*(ein Blatt) Papier*
easy adj	*leicht, einfach*
difficult adj	*schwierig*
exercise n	*Übung, Aufgabe*
unit, chapter (AmE) n	*Lektion, Kapitel, Einheit*
example n	*Beispiel*
• **for example**	*zum Beispiel*
homework n	*Hausaufgabe(n)*
• **do one's homework**	*Hausaufgaben machen*
art n	*Kunst*
finish v	*beenden, aufhören*
learn, learnt / learned, learnt / learned v	*lernen*
read, read, read v	*lesen*
remember v	*sich erinnern, sich merken*
know, knew, known v	*wissen, kennen*
listen v	*zuhören*

understand, understood, understood v	*verstehen*
write, wrote, written v	*schreiben*
correct v; adj	*verbessern; korrekt*
line n	*Linie, Zeile*
right adj	*richtig*
• **be right**	*Recht haben*
• **get sth right**	*etw richtig verstehen*
wrong adj	*falsch, verkehrt*
mistake n	*Fehler*
• **make a mistake**	*einen Fehler machen*
idea n	*Idee*
• **have no idea** inf	*keine Ahnung haben*
simple adj	*einfach*
explain v	*erklären*
add v	*addieren*
• **add sth up**	*etw zusammenzählen*
complete v	*fertigstellen, beenden*
practice n	*Übung, Training*
forget, forgot, forgotten v	*vergessen*
memory n	*Gedächtnis, Erinnerung*
by heart adv	*auswendig*
board n	*Tafel*
note n	*Notiz*
• **take notes**	*Notizen machen*

break, recess (AmE) n	*Pause*
playground n	*Spielplatz; Schulhof*
cafeteria,	*Kantine, Cafeteria*
lunch room (AmE) n	
away adv	*weg, fort*
holidays n pl,	*Ferien*
vacation (AmE) n	
timetable, schedule (AmE) n	*Stundenplan*
subject n	*Fach*
• **favourite subject** (BrE),	*Lieblingsfach*
favorite subject (AmE)	
geography n	*Erdkunde, Geografie*
history n	*Geschichte*
science n	*Naturwissenschaft*
technology n	*Computerunterricht*
mathematics n	*Mathematikunterricht*
maths (BrE), **math** (AmE) n inf	*Mathe*
• **be good at maths**	*gut in Mathe sein*
geometry n	*Geometrie*
physical education, abbrev **PE** n	*Sportunterricht*
religious education, abbrev **RE** n	*Religionsunterricht*
music n	*Musik*
biology n	*Biologie*

computer science n	*Informatik*
physics n	*Physik*
chemistry n	*Chemie*
speak, spoke, spoken v	*sprechen*
grammar n	*Grammatik*
punctuation n	*Interpunktion*
vocabulary n	*Wortschatz, Vokabular*
translate v	*übersetzen*
period n	*Unterrichtsstunde*
staff n	*Lehrkörper*
grade (AmE), **form** (BrE) n	*Klasse*
student (AmE) n	*Schüler(in); Student(in)*
bell n	*Glocke, Klingel*
concentrate v	*sich konzentrieren*
excused adj	*entschuldigt*
capital letter, upper-case letter n	*Großbuchstabe*
small letter, lower-case letter n	*Kleinbuchstabe*
instructions n pl	*Anweisungen*
understandable adj	*verständlich*
true adj	*wahr; wirklich*
false adj	*falsch, verkehrt*
beginner n	*Anfänger(in)*
talent n	*Talent, Begabung*
progress n no pl	*Fortschritt*

• **make good progress**	*gute Fortschritte machen*
improve v	*(sich) verbessern*
group v; n	*gruppieren; Gruppe*
talk n; v	*Referat; Rede; Gespräch; sprechen*
conversation n	*Unterhaltung*
speak up v	*lauter sprechen; sich äußern*
copy, copied, copied v	*kopieren, abschreiben*
worksheet n	*Arbeitsblatt*
writing n	*Schrift; das Schreiben*
• **in writing**	*schriftlich*
subtract v	*abziehen, subtrahieren*
• **subtract from**	*abziehen von*
divide v	*teilen, dividieren*
• **divide by**	*teilen durch*
multiply (by), multiplied, multiplied v	*multiplizieren (mit)*
problem n	*Aufgabe, Problem*
work / figure out v	*herausfinden*
guess v	*vermuten, (er)raten*
study, studied, studied v	*lernen, studieren*
repeat v	*wiederholen*
notice board, bulletin board (AmE) n	*schwarzes Brett*
university n	*Universität*
• **go to university**	*studieren*

In Amerika bezeichnet **College** die Zeit an der Universität bis zum Abschluss des **bachelor's degree**. Universitäten, an denen die Studenten nur **bachelor's degrees** erwerben können, werden oft **colleges** genannt; ebenso gewisse Berufsschulen. Richtige **universities** bieten auch höhere Abschlüsse an, wie **master's degrees** und **doctorates**.

course n	*Kurs(us)*
examine v	*prüfen, untersuchen*
examination, exam n	*Prüfung, Examen*
• **take an exam**	*eine Prüfung machen*
mark, grade (AmE) n	*Note*
school report n	*Schulzeugnis*
pass v	*bestehen*
fail v	*scheitern, durchfallen*
• **fail an exam**	*bei einer Prüfung durchfallen*
result n	*Ergebnis, Folge*
certificate n	*Zeugnis, Urkunde*
speech n	*Rede*

ABC 4 AUSBILDUNG UND JOB

job n	*Beruf, Arbeit*
professional adj	*professionell*
basics n pl	*Grundlagen*

suitable adj	*geeignet, passend*
skill n	*Fähigkeit, Fertigkeit*
• **computer skills**	*Computerfertigkeiten*
ability n	*Begabung, Fähigkeit*

····

Skill bezeichnet eine Fertigkeit, die durch Training oder Förderung erworben wurde, während **ability** eine grundlegende Fähigkeit bezeichnet, mit der ein Mensch geboren wird.

assistant n	*Helfer(in), Assistent(in)*
personal assistant, abbrev **PA**	*persönliche(r) Assistent(in)*
clerk n	*Büroangestellte(r)*
fireman/-woman, firefighter (AmE) n	*Feuerwehrmann/-frau*
policeman/-woman, police officer (AmE) n	*Polizist(in)*
gardener n	*Gärtner(in)*
mechanic n	*Mechaniker(in)*
butcher n	*Fleischer(in)*
baker n	*Bäcker(in)*
actor, actress n	*Schauspieler(in)*
sales clerk, sales person (AmE) n	*Verkäufer(in)*
pharmacist, chemist (BrE) n	*Apotheker(in)*

doctor n	*Arzt / Ärztin*
nurse n	*Krankenschwester/-pfleger*
worker n	*Arbeiter(in)*
hairdresser n	*Friseur(in)*
pilot n	*Pilot(in)*
application n	*Bewerbung*
• **application form**	*Bewerbungsformular*
interview n	*Interview; Bewerbungsgespräch*
CV, abbrev of **curriculum vitae** n	*Lebenslauf*
experience n	*Erlebnis; Erfahrung*
leave out v	*auslassen, weglassen*
challenge n	*Herausforderung*
occupation n	*Tätigkeit*
offer v; n	*anbieten; Angebot*
skilful, skillful (AmE) adj	*geschickt*
necessary adj	*notwendig, nötig*
ability n	*Fähigkeit*
successful adj	*erfolgreich*
apply, applied, applied v	*sich bewerben*
select v	*(aus)wählen*
work n; v	*Arbeit; arbeiten*
• **go to work**	*zur Arbeit gehen*
• **at work**	*bei der Arbeit*
break n	*Pause*
• **take a break**	*eine Pause machen*

free time n	*Freizeit*
meet, met, met v	*(sich) treffen;*
	(sich) kennenlernen
office n	*Büro; Amt*
busy adj	*beschäftigt*
hard adv	*hart, schwer*
shift n	*Schicht*
diary n	*Tagebuch, Terminkalender*
organize v	*organisieren*
meeting n	*Treffen, Besprechung*
noisy adj	*laut*
noise n	*Lärm, Geräusch*
matter v	*von Bedeutung sein*
• **It dosen't matter.**	*Das macht nichts.*
section n	*Abteilung*
condition n	*Bedingung; Verfassung*
• **working conditions**	*Arbeitsbedingungen*
full-day adj; adv	*Ganztags-, ganztägig*
half-day n; adj; adv	*halber Arbeitstag; Halbtags-,*
	halbtägig
organization n	*Organisation*
staff n	*Mitarbeiterteam, Personal*
workshop n	*Kurs, Schulung, Workshop*
common adj	*gemeinsam; gewöhnlich, üblich*
retire v	*in Rente gehen*
folder n	*Hefter, Mappe*
telephone n	*Telefon*

5   WORTSCHATZ

computer n	*Computer*
use n	*Gebrauch, Benutzung*
sheet n	*Blatt, Bogen*
find, found, found v	*finden*
company n	*Firma, Unternehmen*
equipment n	*Ausrüstung*
job centre (BrE),	*Arbeitsamt, -agentur*
employment agency (AmE) n	
shut, shut, shut v	*schließen*
out of work adj	*arbeitslos*
agency n	*Agentur*
keep on, kept, kept v	*weitermachen*
seek v	*suchen*
experienced adj	*erfahren*
inexperienced adj	*unerfahren*
manage v	*es schaffen*
product n	*Produkt*
machine n	*Maschine, Gerät*
factory, plant (AmE) n	*Fabrik*

Für *reparieren* wird das Wort **mend** verwendet, wenn etwas durch häufigen Gebrauch beschädigt ist. Wenn etwas mit einem Werkzeug repariert werden muss oder bestimmte Fähigkeiten vorausgesetzt werden, wird **repair** gebraucht. **Fix** kann ganz allgemein in fast jedem Kontext verwendet werden.

ⒶⒷⒸ 5 POST UND TELEFON

letter n	*Brief*
card, postcard n	*Karte, Postkarte*
letterbox, postbox (BrE), **mailbox** (AmE) n	*Briefkasten*
stamp n	*Briefmarke*
post office, abbrev **PO** n	*Post, Postamt*
P.O. Box, abbrev of **post office box** n	*Postfach*
send, sent, sent v	*schicken*
mail n	*Post*
package n	*Paket*
deliver v	*liefern*
take / leave a message v	*eine Nachricht entgegennehmen / hinterlassen*
inform (about) v	*informieren (über)*
occupied, engaged (BrE), **busy** (AmE) adj	*besetzt*
• **the line is occupied**	*die Leitung ist besetzt*
ring, rang, rung v	*klingeln*
• **ring sb up / back**	*jdn an-/zurückrufen*
answer n; v	*Antwort; antworten*
• **answer the phone**	*ans Telefon gehen*
speak, spoke, spoken v	*sprechen*
listen v	*zuhören*

• I'm listening.	*Ich höre (zu).*
sound n; v	*Geräusch; sich anhören*
goodbye. / bye. interj	*auf Wiedersehen. / tschüs.*
• **say goodbye to sb**	*sich von jdm verabschieden*
make a call v	*telefonieren*
mobile phone (BrE), **cell phone** (AmE) n	*Handy*
phone box (BrE), **phone booth** n	*Telefonzelle*
dial v	*wählen, eintippen*
local call n	*Ortsgespräch*
put through (to) v	*verbinden (mit)*
answering machine n	*Anrufbeantworter*
available adj	*erreichbar*
speak up v	*lauter sprechen*
fax n	*Fax*

ABC 6 FILM, FERNSEHEN UND RADIO

cinema, movie theater (AmE) n	*Kino*
• **at the cinema**	*im Kino*
• **go to the cinema**	*ins Kino gehen*
TV n	*Fernsehen*
• **a film on TV**	*ein Film im Fernsehen*
radio n	*Radio*

• **radio station**	*Radiosender*
switch / turn on / off v	*ein-/ ausschalten*
be on v	*gezeigt werden, laufen*
• **a new film is on**	*ein neuer Film läuft*
programme (BrE), **program** (AmE) n	*Sendung; Programm*
film (BrE), **movie** (AmE) n	*Film*
news n no pl	*Nachricht(en)*
weather forecast n	*Wetterbericht*
live adj	*live, direkt*
• **a live broadcast**	*eine Liveübertragung*
watch v	*(zu)schauen*
act v	*spielen, nachspielen*
talk about v	*reden, sprechen über*
screen n	*Bildschirm, Leinwand*
cable / satellite TV n	*Kabel-/Satellitenfernsehen*
appear v	*erscheinen, auftreten*
report v	*berichten*
TV documentary n	*Dokumentarsendung*
(TV) series n pl	*Fernsehserie(n)*
continue v	*weitermachen*
rerun n	*Wiederholung*
feature n	*Beitrag*
camera n	*Fotoapparat; Kamera*
digital camera n	*Digitalkamera*
photograph, photo n	*Fotografie, Foto*

• **take a photo**	*ein Bild machen, ein Foto machen*
picture n	*Bild*
• **in the picture**	*auf dem Bild*
DVD n	*DVD*
video library n	*Videothek*
focus v	*scharf einstellen*
• **in / out of focus**	*scharf / unscharf*
camcorder n	*Videokamera, Camcorder*
play v	*(ab)spielen*
replay	*wiederholen*
CD / DVD player n	*CD-/DVD-Spieler*
portable adj	*tragbar*
recording n	*Aufnahme*
• **live recording**	*Liveaufnahme*
tape n	*Band; Kassette*
record v	*aufnehmen*

. . . .

ABC 7 PRESSE UND VERLAGSWESEN

book n	*Buch*
magazine n	*Zeitschrift*
• **woman's magazine** n	*Frauenzeitschrift*
brochure n	*Broschüre, Prospekt*
leaflet n	*Informationsblatt*
report (on) n; v	*Bericht (über); berichten (über)*

page n	*Seite*
title n	*Titel*
newspaper, paper n	*Zeitung*
copy n	*Ausgabe, Kopie*
article n	*Artikel*
cartoon n	*Karikatur, Cartoon*
comment n	*Kommentar*
review n	*Rezension; Rückblick*
fact n	*Tatsache*
headline n	*Titel, Schlagzeile*
heading n	*Überschrift*
advertisement, abbrev **ad** n	*Anzeige, Werbung*
extract n	*Auszug*
author n	*Autor(in)*
critic n	*Kritiker(in)*
writer n	*Schriftsteller(in)*
editor n	*Herausgeber(in); Redakteur(in)*
• **letter to the editor**	*Leserbrief*
reporter n	*Reporter(in)*

ABC **8 ESSEN UND TRINKEN**

eat, ate, eaten v	*essen*
drink, drank, drunk v	*trinken*
hungry adj	*hungrig*
thirsty adj	*durstig*

breakfast n	*Frühstück*
• **have breakfast**	*frühstücken*
lunch n	*Mittagessen*
make, made, made v	*machen*
• **make breakfast**	*Frühstück machen*
dinner n	*(warmes) Mittag-/Abendessen*
• **for dinner**	*zum Mittag-/Abendessen*

Lunch bezeichnet ein (häufig kleineres) Mittagessen, während **dinner** die Hauptmahlzeit ist, die meist am Abend eingenommen wird. **Supper** ist wiederum ein leichteres Abendessen, kann in Großbritannien aber auch ein großes Essen am frühen Abend bezeichnen, wenn es zu Mittag bereits ein leichtes **dinner** gab. Vor allem in Nordengland kann man statt **supper** auch die Bezeichnung **tea** für eine leichte Mahlzeit am Spätnachmittag hören.

cup n	*Tasse*
• **a cup of coffee**	*eine Tasse Kaffee*
empty adj	*leer*
glass n	*Glas*
• **a glass of milk**	*ein Glas Milch*
bottle n	*Flasche*
milk n	*Milch*
tea n	*Tee*
coffee n	*Kaffee*

mineral water n	*Mineralwasser*
lemonade (BrE), **soda** (AmE) n	*Limonade*
wine n	*Wein*
beer n	*Bier*
food n	*Essen*
meal n	*Mahlzeit, Essen*
• **go out for a meal**	*essen gehen*
recipe n	*(Koch)rezept*
cut, cut, cut v	*schneiden*
use v	*benutzen*
ready adj	*bereit, fertig*
put, put, put v	*setzen, stellen, legen*
cook v	*kochen, garen*
taste v	*schmecken; probieren*
• **taste like**	*schmecken wie*
try, tried, tried v	*versuchen, probieren*
lay, laid, laid v	*legen*
• **lay / set the table**	*den Tisch decken*
knife, pl: **knives** n	*Messer*
spoon n	*Löffel*
teaspoon n	*Teelöffel*
fork n	*Gabel*
plate n	*Teller*
• **soup / dinner plate**	*Suppenteller / flacher Teller*
sugar n	*Zucker*

jam n	*Marmelade*
honey n	*Honig*
egg n	*Ei*
cheese n	*Käse*
butter n	*Butter*
bread n	*Brot*
• **a loaf (of bread)**	*ein Laib Brot*
ham n	*gekochter Schinken*
pasta n	*Nudeln*
rice n	*Reis*
mix v	*mischen*
salad n	*Salat*
potato, pl: **potatoes** n	*Kartoffel, Kartoffeln*
chips (BrE),	*Pommes frites*
French fries (AmE) n pl	
crisps (BrE),	*Kartoffelchips*
potato chips (AmE) n pl	
meat n	*Fleisch*
lamb n	*Lamm, Lammfleisch*
• **lamb chops**	*Lammkoteletts*
beef n	*Rindfleisch*
• **roast beef**	*Rinderbraten*
• **ground beef**	*Rinderhackfleisch*
pork n	*Schweinefleisch*
chicken n	*Huhn*
fish n	*Fisch*

soup n	*Suppe*
dessert n	*Nachtisch*
ice cream n	*Eiscreme*
sweet (BrE)**, candy** (AmE) n	*Bonbon; Süßigkeit*
cream n	*Sahne*
• **strawberries and cream**	*Erdbeeren mit Sahne*
biscuit (BrE)**, cookie** (AmE) n	*Keks*
chocolate n	*Schokolade*
cake n	*Kuchen, Torte*
pancake n	*Pfannkuchen*
fruit n	*Obst, Frucht, Früchte*
• **fresh fruit**	*frisches Obst*
apple n	*Apfel*
banana n	*Banane*
rubbish (BrE)**, garbage** (AmE) n	*Abfall, Müll*
• **rubbish bin** (BrE)**, garbage can** (AmE)	*Mülleimer*
refrigerator, fridge inf n	*Kühlschrank*
microwave n	*Mikrowelle*
heat v	*erhitzen, heizen*
• **heat up some leftovers**	*Reste aufwärmen*
oil n	*Öl*
vinegar n	*Essig*
pepper n	*Pfeffer*
salt n	*Salz*

kitchen n	*Küche*
cook v	*kochen*
bring, brought, brought v	*bringen*
stir, stirred, stirred v	*rühren*
pot n	*Topf; Kanne, Krug*
teapot n	*Teekanne*
lid n	*Deckel*
pan n	*Pfanne*
bowl n	*Schüssel*
smell, smelt, smelt v; n	*riechen, duften; Geruch*
hot adj	*scharf (gewürzt), heiß*
cold adj	*kalt*
sweet adj	*süß*
salty adj	*salzig*
dish n	*Gericht*
restaurant n	*Restaurant*
takeaway, take-out (AmE) n	*Imbissstube*
coffee shop, café n	*Café*

Das Wort **pub** kommt vom britischen **public house** und bezeichnet eine Kneipe, die eine **licence** (*Lizenz*) hat, um Alkohol ausschenken zu dürfen und in der auch kleinere Mahlzeiten serviert werden dürfen (**pub meals**).

please interj	*bitte*

of course adv	*selbstverständlich*
like v	*mögen, gern haben (wollen)*
reserve v	*reservieren*
waiter, waitress n	*Kellner(in), Bedienung*
order n; v	*Bestellung; bestellen*
course n	*Gang*
• **main course** n	*Hauptgang*
recommend v	*empfehlen*
tip n	*Trinkgeld*
• **leave a tip**	*ein Trinkgeld geben*
bill n	*Rechnung*

· · · ·

In den USA ist das Trinkgeld (**tip**) ein ‚Muss', denn es ist der Hauptbestandteil der Bezahlung des Servicepersonals im Restaurant.

· ·

ABC **9** **EINKAUFEN**

1 Grundbegriffe

city n	*(Groß)stadt*
town n	*Stadt*
market n	*Markt*
shop, store (AmE) n	*Laden, Geschäft*
supermarket n	*Supermarkt*
open v; adj	*öffnen, offen*

closed adj	*zu, geschlossen*
shopping n	*Einkauf(en)*
list n	*Liste*
counter n	*Schalter, Theke*
customer n	*Kunde / Kundin*
choose, chose, chosen v	*wählen, aussuchen*
thanks n pl; interj	*Dank; Danke*
want v	*wollen; brauchen*
like v	*wollen, mögen*
buy, bought, bought v	*kaufen*
purse n (BrE)	*Geldbeutel, -börse*
purse n (AmE)	*Handtasche*
pay, paid, paid v	*(be)zahlen*
change n	*Wechselgeld*
spend, spent, spent v	*ausgeben*
cost, cost, cost v	*kosten*
sell, sold, sold v	*verkaufen*
cheap adj	*billig*
expensive adj	*teuer*
carry, carried, carried v	*tragen*
queue n (BrE)	*(Warte)schlange*
push v	*drücken, schieben*
prefer, preferred, preferred v	*bevorzugen, lieber tun*
be afraid v	*fürchten, leid tun*
get, got, got / gotten (AmE) v	*bekommen*

complain v	*sich beschweren*
price n	*Preis*
afford v	*sich leisten*
coin n	*Münze*
have, had, had v	*haben*
help v	*helfen*
look v; n	*sehen, ansehen; Blick*

Nützliche Wendungen

I'm looking for	*Ich suche ... .*
Do you have ...?	*Haben Sie ...?*
I'd like	*Ich hätte gerne.*
Can I try it on please?	*Kann ich das (bitte) anprobieren?*
How much is it / are they?	*Wie viel kostet das?*

baker's, bakery (AmE) n	*Bäckerei*
grocer n	*Lebensmittelhändler(in)*
bookshop, bookstore (AmE) n	*Buchhandlung*
newsagent's (BrE), **newspaper stand** (AmE)	*Zeitschriftenladen; Zeitungsstand*
shoe shop n	*Schuhgeschäft*
florist's n	*Blumenladen*
department store n	*Kaufhaus*
shopping centre (BrE), **shopping mall** (AmE) n	*Einkaufszentrum*

escalator n	*Rolltreppe*
downtown (AmE) n	*(Stadt)zentrum*
clothes shop n	*Bekleidungsgeschäft*
enter v	*betreten*

2 Kleidung und Accessoires

clothes n pl	*Kleidung*
small adj	*klein*
short adj	*kurz*
lovely adj	*schön*
new adj	*neu*
coat n	*Mantel*
anorak n	*Anorak*
parka n	*Parka*
hat n	*Hut*
pocket n	*Tasche* (bei Kleidung)
pullover n	*Pullover*
dress n	*Kleid*
jacket n	*Jacke*
shirt n	*Hemd*
trousers (BrE), **pants** (AmE) n sg + pl	*Hose*
skirt n	*Rock*
tights n sg + pl	*Strumpfhose*
sock n	*Socke*
shoe n	*Schuh*

trainers (BrE), **sneakers** (AmE)	*Turnschuhe*
thing n	*Ding, Sache*
wear, wore, worn v	*tragen (Kleidung)*
match v	*gut zusammenpassen*
try on v	*anprobieren*
jewellery, jewelry (AmE) n	*Schmuck*
watch n	*Armbanduhr*
cotton n	*Baumwolle*
thin adj	*dünn*
large adj	*groß*
medium adj	*mittel*
washable adj	*waschbar*
fancy adj	*fein, toll, schick*
go with v	*passen zu, gehören zu*
changing room n	*Umkleidekabine*
size n	*Größe*
scarf, pl: **scarves** n	*Schal, Schals*
glove n	*Handschuh*
cardigan n	*Strickjacke*
sweater, jumper (BrE) n	*Pullover*
sleeve n	*Ärmel*
button n	*Knopf*
tie, tied, tied v; n	*(fest)binden; Krawatte*
shorts n pl	*Shorts, kurze Hose(n)*
glasses n sg + pl	*Brille*

ABC 10   FARBEN UND FORMEN

colour (BrE), **color** (AmE) n	*Farbe*
black adj	*schwarz*
blue adj	*blau*
brown adj	*braun*
green adj	*grün*
red adj	*rot*
pink adj	*rosa, pink*
yellow adj	*gelb*
white adj	*weiß*
bright adj	*leuchtend, strahlend*
dark adj	*dunkel*
• **dark blue**	*dunkelblau*
colourful (BrE), **colorful** (AmE) adj	*bunt*
light adj	*hell*
• **light green**	*hellgrün*
square n	*Quadrat*
circle n	*Kreis*
round adj	*rund*

1 Grundbegriffe

beach n	*Strand*
sand n	*Sand*
island n	*Insel*
sea n	*Meer*
deep adj	*tief*
still adj	*ruhig*
lake n	*See*
river n	*Fluss*
flow v	*fließen*
earth n	*Erde*
mountain n	*Berg*
steep adj	*steil*
rock n	*Fels*
stone n	*Stein*
cave n	*Höhle*
hill n	*Hügel, kleiner Berg*
forest n	*Wald*
countryside n	*Landschaft, Land*
landscape n	*Landschaft*
coast n	*Küste*
• **on the coast (line)**	*an der Küste*
rough adj	*rau, grob*
tide n	*Gezeiten*

high tide	*Flut*
ocean n	*Ozean*
whitewater n; adj	*Wildwasser(-)*
freshwater n; adj	*Süßwasser(-)*
salt water n; adj	*Salzwasser(-)*
current n	*Strömung*
waterfall n	*Wasserfall*
valley n	*Tal*
canyon n	*Schlucht, Cañon*
cliff n	*Klippe; Fels*
iceberg n	*Eisberg*
wood n	*Holz; Wald*
earthquake n	*Erdbeben*
volcano n	*Vulkan*
life n	*Leben*
plant n	*Planze*
leaf, pl: **leaves** n	*Blatt, Blätter*
flower n	*Blume*
herbs n pl	*Kräuter*
vegetable n	*Gemüse*
grass n	*Gras*
bush n	*Busch*
branch n	*Zweig, Ast*
stem n	*Stiel*
animal n	*Tier*

cat n	*Katze*
dog n	*Hund*
bird n	*Vogel*
horse n	*Pferd*
mouse, pl: **mice** n	*Maus, Mäuse*
rabbit n	*Kaninchen*
chicken n	*Huhn*
duck n	*Ente*
beetle n	*Käfer*
frog n	*Frosch*
snake n	*Schlange*
bear n	*Bär*
lion n	*Löwe*
tiger n	*Tiger*
elephant n	*Elefant*
monkey n	*Affe*
tail n	*Schwanz*
hide, hid, hidden v	*(sich) verstecken*
hole n	*Loch*
tree n	*Baum*
nut n	*Nuss*
fruit n	*Obst, Früchte*
fly n	*Fliege*
ant n	*Ameise*
spider n	*Spinne*

environment n	*Umwelt*
pollution n	*Verschmutzung*
protect v	*(be)schützen*
natural adj	*natürlich*

2 Wetter

weather n	*Wetter*
sunny adj	*sonnig*
hot adj	*heiß*
warm adj	*warm*
dry adj	*trocken*
cold adj	*kalt*
low adj; n	*tief; Tiefdruckgebiet*
high adj; n	*hoch; Hochdruckgebiet*
wet adj	*nass, feucht*
storm n; v	*Sturm; stürmen*
cloud n	*Wolke*
drop n	*Tropfen*
lightning n	*Blitzen*
rain n; v	*Regen; regnen*
thunder n; v	*Donner; donnern*
thunderstorm n	*Gewitter*
blow, blew, blown v	*blasen, wehen*
windy adj	*windig*
sky n	*Himmel*

calm adj	*ruhig, windstill*
clear adj; v	*klar; (sich) auflösen*
damp adj	*feucht*
air n	*Luft*
cloudy adj	*bewölkt*
flood n	*Flut, Überschwemmung*
hail n	*Hagel*
sun n	*Sonne*
dry adj	*trocken*
shine, shone, shone v	*scheinen, leuchten*
snow n; v	*Schnee; schneien*
wind n	*Wind*
ice n	*Eis*

ABC **12 STAAT UND GESELLSCHAFT**

1 Grundbegriffe

people n	*Volk, Leute*
free adj	*frei*
state n	*Staat*
independence n	*Unabhängigkeit*
right n	*Recht*
human adj	*menschlich*
• **human rights**	*Menschenrechte*
freedom n	*Freiheit*
president n	*Präsident(in)*

kingdom n	*Königreich*
government (BrE), **administration** (AmE) n	*Regierung*
rich adj; **the rich** n pl	*reich; die Reichen*
poor adj; **the poor** n pl	*arm; die Armen*
middle class n	*Mittelstand, Mittelschicht*
border n	*(Staats)grenze*
ministry n	*Ministerium*

Die drei wichtigsten Parteien in Großbritannien sind die links-gerichtete **Labour Party**, die mitte-rechtsgerichtete **Conservative Party** und die mitte-linksgerichteten **Liberal Democrats**. In den USA spielen die in ihrer Haltung etwas progressivere **Democratic Party** und die konservativere **Republican Party** die dominierende Rolle.

warn v	*warnen*
enemy n	*Feind(in)*
patriotic adj	*patriotisch*
army n	*Armee*
• **join the army**	*zum Militär gehen*
soldier n	*Soldat(in)*
fight, fought, fought v	*(be)kämpfen*
attack v	*angreifen*
violence n	*Gewalt*
population n	*Bevölkerung*

ethnic adj	*ethnisch*
status n	*Status, Anerkennung*
race n	*Rasse*
reservation n	*Reservat*
tribe n	*(Volks)stamm*

2 Kriminalität

police n	*Polizei*
dangerous adj	*gefährlich*
shoot, shot, shot v	*schießen*
hit, hit, hit v	*schlagen*
kill v	*töten*
describe v	*beschreiben*
escape n; v	*Flucht; fliehen*
danger n	*Gefahr*
recognize v	*erkennen*
damage v ; n	*beschädigen, zerstören; Schaden*
notice v	*bemerken*
vanish v	*verschwinden*
steal, stole, stolen v	*stehlen*
thief, pl: **thieves** n	*Dieb, Diebe*
gun n	*Pistole, Gewehr*
search n; v	*Suche; suchen*
crime n	*Kriminalität; Verbrechen*
prison n	*Gefängnis*
argument n	*Auseinandersetzung*

ABC 13 **TRANSPORT UND VERKEHR**

bus n	*Bus*
car n	*Auto*
lorry (BrE), **truck** (AmE) n	*Lastwagen*
drive, drove, driven v	*fahren*
motorbike, motorcycle n	*Motorrad*
bicycle, bike inf n	*Fahrrad, Rad*
ride, rode, ridden n; v	*Fahrt; fahren*
pick up v	*aufheben, abholen*
walk v	*zu Fuß gehen*
map n	*(Land)karte*
road, abbrev **Rd.** n	*Straße*
sign n	*Schild*
street n	*Straße*
car park n	*Parkhaus, Parkplatz*
careful adj	*vorsichtig*
slowly adv	*langsam*
fast adj	*schnell, rasch*
honk v	*hupen, tuten*
accident, car crash (AmE) n	*Unfall*
stop n	*Haltestelle*
engine n	*Motor; Maschine*
motorway (BrE), **freeway** (AmE) n	*Autobahn*
filling station n	*Tankstelle*

petrol (BrE), **gasoline** (AmE), **gas** (AmE) inf n	*Benzin*
park v	*parken*
traffic n	*Verkehr*
• **traffic jam** n	*Verkehrsstau*
• **traffic lights** n pl	*Verkehrsampel*
driving licence, driver's license (AmE) n	*Führerschein*
safety belt n	*Sicherheitsgurt*
turn n; v	*Kurve; abbiegen*
pass v	*vorbeifahren*
speed n	*Geschwindigkeit*
speed limit n	*Geschwindigkeitsbegrenzung*
brake v; n	*bremsen; Bremse*
run, ran, run v	*fahren; laufen, rennen*
area n	*Gegend, Gebiet*
bridge n	*Brücke*
village n	*Dorf*
direction n	*Richtung*
follow v	*folgen, befolgen*
lost adj	*verirrt; verloren*
train n	*Zug*
• **change trains at ...**	*umsteigen in ...*
timetable, schedule (AmE) n	*Fahrplan*
from ... to prep	*von ... bis; von ... nach*
station n	*Bahnhof*

arrive v	*ankommen*
get on / off v	*ein-/aussteigen*
wait (for) v	*warten (auf)*
gone adj	*weg, verschwunden*
hurry, hurried, hurried v	*sich beeilen*
miss v	*verpassen*
underground (BrE), **subway** (AmE) n	*U-Bahn*
railway, railroad (AmE) n	*Eisenbahn*
platform n	*Bahnsteig, Gleis*
change, transfer (AmE) v	*umsteigen*
reservation n	*Reservierung*
announcement n	*Durchsage, Ansage*
queue (BrE), **stand / get** (AmE) **in line** v	*anstehen, sich anstellen*
make it v	*es schaffen*
airport n	*Flughafen*
plane n	*Flugzeug*
• **by plane**	*mit dem Flugzeug*
fly, flew, flown v	*fliegen*
flight n	*Flug*

Ort und Richtung

right	rechts	**left**	links
here	hier	**there**	da, dort
at	an / am, bei, in	**in front of**	vor
from	aus	**back**	zurück
by	neben	**down**	hinunter
in	in / im	**up**	hinauf
near	in der Nähe	**through**	durch
on	auf, an	**to**	zu / zum, nach
under	unter	**behind**	hinter
between	zwischen	**outside**	draußen, vor
next to	neben	**opposite**	gegenüber
(a)cross	über	**towards**	in Richtung
past	vorbei an	**into**	in ... hinein
out of	aus ... heraus	**straight**	geradeaus
east	Osten	**north**	Norden
west	Westen	**south**	Süden

ABC **14 UHRZEIT UND DATUM**

time n	Zeit; Uhrzeit
• **in time**	rechtzeitig
• **What time is it?**	Wie spät ist es?
clock n	Uhr

• **eight o'clock**	*acht Uhr*
hour n	*Stunde*
• **half an hour**	*eine halbe Stunde*
• **a quarter of an hour**	*eine Viertelstunde*
minute n	*Minute*
• **per minute**	*pro Minute*
• **any minute now**	*jede Minute, gleich*
morning n	*Morgen*
• **in the morning**	*morgens*
• **Sunday morning**	*Sonntagmorgen*
afternoon n	*Nachmittag*
• **this afternoon**	*heute Nachmittag*
• **in the afternoon**	*nachmittags*
evening n	*Abend*
• **in the evening**	*abends*
• **Good evening!**	*Guten Abend!*
night n	*Nacht*
• **all night**	*die ganz Nacht*
• **at night**	*nachts*
early adj; adv	*früh*
• **be early**	*(zu) früh dran sein*
late adj; adv	*spät, zu spät*
• **late at night**	*spät nachts*
already adv	*schon, bereits*
as soon as conj	*sobald*
now adv	*jetzt, nun*

• **by now**	*inzwischen, bis jetzt*
at once adv	*sofort*
fast adj; adv	*schnell, rasch*
• **be 3 minutes fast**	*drei Minuten vorgehen* (Uhr)
slow adj	*langsam*
• **be 5 minutes slow**	*fünf Minuten nachgehen* (Uhr)
second n	*Sekunde*
• **just a second**	*Moment mal*
tonight adv	*heute Abend / Nacht*
midnight n	*Mitternacht*
immediately adv	*sofort, gleich*
instantly adv	*sofort*

Zeitangaben

half past two	*halb drei*
ten after eight	*zehn nach acht*
a quarter to six	*viertel vor sechs*
at lunchtime	*in der Mittagspause*
in one minute	*in einer Minute*
twenty to six	*zwanzig (Minuten) vor sechs*
eleven till four	*elf Minuten vor vier*
from eight to six	*von acht bis 18 Uhr*
for ten minutes	*seit zehn Minuten, zehn Minuten lang*
since four o'clock	*seit vier Uhr*

by 5 o'clock	*(spätestens) bis fünf Uhr*
by then	*bis dahin*
at that point	*zu dem Zeitpunkt*
at about 5 o'clock	*um ca. fünf Uhr*
(a)round midnight	*um Mitternacht herum*
at the moment	*im Moment, gerade*
not yet	*noch nicht*
just in time	*gerade (noch) rechtzeitig*
last Christmas	*letzte Weihnachten*
next Friday	*nächsten Freitag*
on Friday	*am Freitag, freitags*
until Monday	*bis Montag*
three weeks ago	*vor drei Wochen*

date n	*Datum; Termin*
point n	*(Zeit)punkt*
month n	*Monat*
day n	*Tag*
today adv	*heute*
tomorrow adv	*morgen*
▪ the day after tomorrow	*übermorgen*
yesterday adv	*gestern*
▪ the day before yesterday	*vorgestern*
AD (anno domini)	*n. Chr., nach Christus*
BC (before Christ)	*v. Chr., vor Christus*

Wochentage und Monate

Monday n	*Montag*
Tuesday n	*Dienstag*
Wednesday n	*Mittwoch*
Thursday n	*Donnerstag*
Friday n	*Freitag*
Saturday n	*Samstag, Sonnabend*
Sunday n	*Sonntag*
January n	*Januar*
February n	*Februar*
March n	*März*
April n	*April*
May n	*Mai*
June n	*Juni*
July n	*Juli*
August n	*August*
September n	*September*
October n	*Oktober*
November n	*November*
December n	*Dezember*

first adj; adv; n	*erste(r, -s); zuerst; Erste(r, -s)*
▪ **for the first time**	*zum ersten Mal*
second adj; n	*zweite(r, -s); Zweite(r, -s)*

- **2nd May**, spoken: **the second of May** (BrE) — *der zweite Mai*

third adj; n — *dritte(r, -s); Dritte(r, -s)*

- **June 3rd**, spoken: **June third** (BrE) — *der dritte Juni*

fourth adj; n — *vierte(r,-s); Vierte(r, -s)*

fortnight n — *vierzehn Tage*

- **a fortnight's holiday** — *ein vierzehntägiger Urlaub*

year n — *Jahr; Jahrgang*

season n — *Jahreszeit*

spring n — *Frühling*

- **in the spring** — *im Frühling*

summer n — *Sommer*

autumn (BrE), **fall** (AmE) n — *Herbst*

winter n — *Winter*

week n — *Woche*

- **twice a week** — *zweimal pro Woche*

weekly adj; adv — *wöchentlich*

weekend n — *Wochenende*

- **at the weekend** (BrE); **on the weekend** (AmE) — *am Wochenende*

in those days adv — *damals*

soon adv — *bald*

- **sooner or later** — *früher oder später*

sometimes adv — *manchmal*

future n — *Zukunft*

past n	*Vergangenheit*
ever adv	*je, jemals*
never adv	*niemals, nie*
century n	*Jahrhundert*
former adj	*ehemalige(r), frühere(r)*
nowadays adv	*heutzutage*
time after time adv	*immer wieder*
one day adv	*eines Tages*
forever adv	*ewig, für immer*

ᴀʙᴄ 15 ZAHLEN UND MAßE

Zahlen

1	one	13	thirteen
2	two	14	fourteen
3	three	15	fifteen
4	four	16	sixteen
5	five	17	seventeen
6	six	18	eighteen
7	seven	19	nineteen
8	eight	20	twenty
9	nine	21	twenty-one
10	ten	30	thirty
11	eleven	40	forty
12	twelve	50	fifty

60	sixty	90	ninety
70	seventy	100	(one) hundred
80	eighty	1000	(one) thousand

number n   *Zahl, Nummer*

oh (BrE), **zero** n   *Null (beim Ziffernvorlesen)*

million n   *Million*

Eine Milliarde (tausend Millionen) heißt im amerikanischen und inzwischen auch im britischen Englisch **billion**, eine Billion (tausend Milliarden) heißt **trillion.**

once adv   *einmal*

• **once or twice**   *ein- bis zweimal*

twice adv   *zweimal*

time n   *Mal*

• **three times**   *dreimal*

• **one more time**   *noch einmal*

mile, abbrev **ml** n   *Meile (entspricht 1760 Yard oder 1,609 km)*

a third n   *ein Drittel*

• **two thirds**   *zwei Drittel*

three-quarter adj   *Dreiviertel-, dreiviertel*

centimetre (BrE), **centimeter** (AmE) n   *Zentimeter*

metre (BrE), **meter** (AmE) n	*Meter*
kilometre (BrE), **kilometer** (AmE) n	*Kilometer*
square, abbrev **sq** adj	*Quadrat*
• **square mile**	*Quadratmeile*

ⒶⒷⒸ 16 MENGEN UND GEWICHTE

a lot (of) pron	*viel(e)*
many pron	*viele*
much pron	*viel*
• **too much**	*zu viel*
• **very much**	*sehr viel*
more adv; pron	*mehr*
most adv; pron	*am meisten, meiste(r, -s)*
• **most people**	*die meisten Menschen*
• **most expensive**	*am teuersten*
part (of) n	*Teil (von)*
half, pl: **halves** n	*die Hälfte*
• **half a pound of**	*ein halbes Pfund*
piece n	*Stück*
some adj; adv; pron	*einige; etwas, ein bisschen,* *ein paar*
few adj; pron	*wenig(e); wenige*
• **a few**	*ein paar*
little adj; pron	*klein, gering; wenig*

• **a little bit**	*ein kleines bisschen*
• **have little time**	*wenig Zeit haben*
bit n	*Stück, Teil*
• **a bit**	*ein bisschen*
least adj; adv	*geringste(r, -s); am wenigsten*
• **at least**	*wenigstens, mindestens*
only adj	*einzige(r, -s)*
nothing pron	*nichts*
• **nothing else**	*sonst nichts*
no adv; adj	*nein; kein(e)*
heavy adj	*schwer*
light adj	*leicht; gering*
pound, abbrev **lb** n	*Gewichtseinheit (entspricht 16 ounces oder 453,59 g)*
pint, abbrev **pt** n	*Flüssigkeitsmaß (GB: 0,568 l / US: 0,473 l)*

Wenn man in Großbritannien Bier bestellt, erhält man ein **pint** (0,568 l). Ist man weniger durstig, bestellt man einfach **half a pint** und bekommt nur die Hälfte. In Amerika enthält ein **pint** übrigens nur 0,473 l.

stone, abbrev **st** n (BrE)	*Gewichtseinheit (entspricht 14 pounds oder 6,348 kg)*
lots of pron	*viel(e)*
plenty adj; pron	*viel, reichlich*

• **plenty of time**	*reichlich Zeit*
average n	*Durchschnitt*
• **above** / **below the average**	*über / unter dem Durchschnitt*
several adj	*mehrere, einige*
a handful (of) adj	*eine Handvoll*
single adj	*einfach*
double adj	*zweifach, doppelt*
weigh v	*wiegen*
kilo n	*Kilo*
kilogramme (BrE), **kilogram** (AmE) n	*Kilogramm*
gallon, abbrev **gal** n	*Gallone* (GB: 4,546 l / US: 3,785 l)
litre (BrE), **liter** (AmE) n	*Liter*

Abkürzungen:

abbrev = **abbreviation** (*Abkürzung*), adj = **adjective** (*Adjektiv*),
adv = **adverb** (*Adverb*), AmE = **American English** (*Amerikanisches* Englisch), BrE = **British English** (*Britisches Englisch*),
conj = **conjunction** (*Konjunktion*), inf = **informal** (*umgangssprachlich*) interj = **interjection** (*Interjektion*), n = **noun** (*Substantiv*), pl = **plural** (*Plural*), prep = **preposition** (*Präposition*),
pron = **pronoun** (*Pronomen*), sg = **singular** (*Singular*), v = **verb**
(*Verb*)

ANHANG

1
Grammatikindex

2
Alphabetisches Wortverzeichnis

ALPHABETISCHES WORTVERZEICHNIS

2

Bildnachweis
Seite 6: istockphoto.com/ Jeffrey Smith
Seite 20: istockphoto.com/ Joey Nelson
Seite 62: fotolia.de/ Onidji
Seite 92: istockphoto.com/ Sharon Dominick
Seite 133: istockphoto.com/ Jasmin Awad